Vordenkerinnen

Zehn außergewöhnliche Lebensbilder

Herausgegeben
von Stefan Bollmann
und Christiane Naumann

W0053125

GOLDMANN

Die Quellenhinweise zu den einzelnen Texten
finden Sie am Ende des Bandes.
Einzelne Bände erschienen bereits in der Reihe
»Frei und Frau« im Bollmann Verlag.
Alle Rechte wurden von den Herausgebern geklärt.

Umwelthinweis:
Alle bedruckten Materialien dieses Taschenbuches
sind chlorfrei und umweltschonend.

Originalausgabe Mai 1999
Copyright © der Originalausgabe 1999
by Wilhelm Goldmann Verlag, München
in der Verlagsgruppe Bertelsmann GmbH
Umschlaggestaltung: Design Team München
Umschlagmotiv: Tamara de Lempicka
Satz: Stefan Bollmann
Druck: Presse-Druck Augsburg
Verlagsnummer: 44332
FB · Herstellung: Sebastian Strohmaier
Made in Germany
ISBN 3-442-44332-6

1 3 5 7 9 10 8 6 4 2

INHALT

Bettina Bremer

Angelika Schneider

Sophie Mereau-Brentano

Sophie Mereau, die in zweiter Ehe mit Clemens
Brentano verheiratet war, zählt zu den ganz wenigen
Frauen des 18. Jahrhunderts, denen es gelang, Literatur
zu ihrem Lebensinhalt und Beruf zu machen. Trotz
ihres literarischen Anspruchs (und Könnens) wurde sie
von ihren Zeitgenossen immer wieder als »Damenschriftstellerin« eingeordnet und damit nicht als den
männlichen Kollegen gleichberechtigte Autorin ernst
genommen.

»ICH HABE JETZT WOCHENLANG einer freien, poe-
tischen Stimmung genossen; mancher Reim ist aus meiner
Feder geflossen, und manchen glücklichen Nachmittag habe
ich in meiner Einsamkeit verlebt, bis bei dem kalten Hauch
der Notwendigkeit alle die süßen Blumen meines Herzens
erstarrt sind. – Ich kämpfe im Leben einen sonderbaren
Kampf. Eine unwiderstehliche Neigung drängt mich, mich
ganz der Phantasie hinzugeben, das gestaltlose Dasein mit
der Dichtung Farben zu umspielen und unbekümmert um
das Nötige nur dem Schönen zu leben.
Aber ach! Der Nachen meines Schicksals schwimmt auf kei-

ner spiegelhellen Fläche, wo ich, unbekümmert, mit Mondschein und Sternen spielend, das Ruder hinlegen könnte, indes ein schmeichelndes Lüftchen den Nachen leicht durch die kräuselnden Wellen treibt – durch Klippen und Wirbel, von Stürmen erschüttert schifft er umher, und ich muß das Ruder ergreifen oder untergehen.«

Sophie Mereau unternimmt als eine der ersten Frauen den wagemutigen Versuch, Autorin zu werden. Selbstbewußt faßt sie ihr Schreiben als poetische Kreativität, die aus ihrem eigenen Inneren kommt, und nimmt damit als Frau ein dichterisches Selbstverständnis in Anspruch, das die Männer für sich reservieren. Ihr Kampf darum, im Schreiben eine eigenständige Existenzweise zu finden, bestimmt ihr ganzes Leben – ein Leben im permanenten Widerspruch mit den Verhältnissen.

Sophie Mereau stammt, wie die meisten Schriftsteller/innen dieser Zeit, aus dem Bildungsbürgertum. Sie wird am 28. März 1770 in Altenburg, einer kleinen Residenzstadt im Herzogtum Sachsen-Gotha-Altenburg, geboren. Die Mutter ist Tochter eines Rechtsanwalts in herzoglichen Diensten, der Vater ist ebenfalls ein höherer Beamter am Hof. Sophie Schubart erhält die in diesen Kreisen für Töchter übliche Bildung: Musizieren, Zeichnen, schöne Literatur und moderne Fremdsprachen. Diese Erziehung war für ihre Entwicklung zur Schriftstellerin günstig, obwohl dies für ein Mädchen aus gutem Hause keineswegs vorgesehen war. Zwar war es üblich, daß Mädchen im Rahmen des bürgerlichen Bildungsprogramms zum Verfassen kleinerer Aufsätze und Gedichte und auch zum Verfertigen von Übersetzungen angehalten wurden, die gelegentlich in Zeitschriften veröffentlicht wurden. Aber dies galt mehr dem

Sophie Mereau-Brentano

Prestige der Familie, die die Bildung ihrer Töchter zur Steigerung der Heiratschancen vorführte; denn für Frauen war nur eine Lebensmöglichkeit vorgesehen: die Ehe. Doch Sophie Schubart will nicht nur kultiviert plaudern und Kinder erziehen, sie will schreiben. Für sie muß der Widerspruch, als junges Mädchen in eine sich als freiheitlich und fortschrittlich verstehende Kultur eingeführt zu werden, im heiratsfähigen Alter aber sich in die Frauenrolle fügen und auf die Entfaltung der erworbenen Fähigkeiten verzichten zu müssen, besonders unerträglich gewesen sein. Sie rebelliert und wehrt sich lange gegen eine Heirat. Mit 21 veröffentlicht sie ihr erstes Gedicht.

Aber ihre Lage ist schwierig: Nach dem frühen Tod der Eltern steht sie unter der Vormundschaft des Stiefbruders, sie hat kein Vermögen, und die Familie muß außer ihr noch die unverheiratete Schwester versorgen und das Studium des jüngeren Bruders finanzieren. Der Druck ist so groß, daß sich Sophie Schubart zu einer Vernunftehe mit dem Studienfreund ihres Stiefbruders und aussichtsreichen Juristen Friedrich Ernst Karl Mereau entschließt, nachdem sie vier Jahre lang seine Anträge abgelehnt hatte. Durch diese Heirat kann sie sich nicht nur aus der Abhängigkeit von der Familie lösen, sondern auch der Enge der Provinz entkommen. Sie zieht nach Jena.

Eine ihrer Aufgaben als Ehefrau besteht fortan darin, die Universitätskarriere ihres Mannes dadurch zu unterstützen, daß sie repräsentiert und bei geselligen Zusammenkünften die charmante Gastgeberin spielt. Schriftstellerische Tätigkeiten stehen nicht im Widerspruch zu der Rolle als Professorengattin, sie sind als Statussymbol und auch als zusätzliche Einnahmequelle sogar erwünscht. Sophie Mereau gelingt es, diesen relativen Freiraum für sich zu nutzen. Sie macht auf sich als Schriftstellerin aufmerksam, kommt in Kontakt mit den literarischen Kreisen Jenas und findet wohlwollende Rezensenten in den wichtigsten Literaturzeitschriften. Ohne die Vermittlung von Männern war es Frauen kaum möglich, in der Literaturszene Beachtung zu finden – eine Beachtung aus ambivalenten Motiven, da es auch um die Kontrolle weiblicher Kreativität ging. Schiller, ihr einflußreichster Förderer, bietet Sophie Mereau nicht nur Veröffentlichungsmöglichkeiten und die Chance, ihre Arbeiten zu diskutieren, sondern versucht auch, sie in sein literaturpädagogisches Programm einzuspannen (nach dem sich Frauen als Lieferantinnen gehobener Unterhaltungsliteratur besonders dazu eignen, Inhalte und Zielvorstellungen der Klassik zu popularisieren und in breitere Kreise zu tragen). Die Art und Weise, in der Schiller mit Goethe die ersten Briefe der *Horen*-Fassung von *Amanda und Eduard* bespricht, zeigt die Mischung von Wohlwollen, Abwertung und schulmeisterlichem Verhalten, die für den Umgang männlicher Schriftsteller mit ihren Kolleginnen wohl typisch war:

»Für die Horen hat mir unsere Dichterin Mereau jetzt ein sehr angenehmes Geschenk gemacht, und das mich wirklich überraschte. Es ist der Anfang eines Romans in Briefen, die mit weit mehr Klarheit, Leichtigkeit und Simplicität geschrieben sind, als ich je von ihr erwartet hätte. Sie fängt darinn an, sich von Fehlern frey zu machen, die ich an ihr für ganz unheilbar hielt, und wenn sie auf diesem guten Wege weiter fortgeht, so erleben wir noch was an ihr. Ich muß mich doch wirklich drüber wundern, wie unsere Weiber jetzt, auf bloß dilettantischem Wege, eine gewiße

Schreibgeschicklichkeit sich zu verschaffen wißen, die der Kunst nahe kommt.«

Sophie Mereau veröffentlicht in der Jenaer Zeit ihren ersten Roman sowie zahlreiche Gedichte, Erzählungen und Übersetzungen. Gleichzeitig besucht sie als einzige weibliche Hörerin Vorlesungen bei Fichte und sie ist wohl auch die einzige Frau, die es wagt, ausgerechnet Kant um einen Beitrag für ein von ihr geplantes, aber so nicht zustande gekommenes Journal zu bitten. Sie nimmt zudem an den in ihrem Haus stattfindenden Lese- und Diskussionsabenden teil, an denen die neueste romantische Literatur vorgestellt wird. Die Verbindung mit einem Gelehrten bietet zu ihrer Zeit eine der wenigen Möglichkeiten zur intellektuellen Weiterbildung für Frauen. Mereau nützt diese Chance in einem ungewöhnlichen Maß bis an die Grenzen des Frauen zugestandenen Handlungsspielraumes:

»Eine von unsern Professorinnen, die Hofrätin S. [Schütz], fegt selbst die Straße; eine andere, die Madame Mereau, macht Gedichte für den Schiller'schen Musik-Almanach und studiert Kant und Fichte.«

ABER SOPHIE MEREAU LEIDET unter den Eheverhältnissen, unter der Härte und dem Unverständnis ihres Mannes. Sie geht eine intensive Liebesbeziehung mit dem Studenten Johann Heinrich Kipp ein, von dem sie sich auch als Künstlerin verstanden fühlt. Das Verhältnis der beiden ist deutlich vom gemeinsamen Interesse an Literatur bestimmt; ihre Briefe sind stark poetisch gefärbt. Mit ihm träumt sie auszubrechen, nach Frankreich zu flüchten. In dieser Situation entdeckt sie ihr Schreiben als eine Möglichkeit, sich finanziell unabhängig zu machen, was ihr aber in dieser Zeit noch nicht gelingt. Kipp muß aus Geldmangel sein Studium abbrechen und Jena verlassen. Die Hoffnung auf eine gemeinsame Existenz scheitert, und Sophie Mereau muß weiter in ihrer Ehe ausharren. Ihre Situation aber hat sich verschärft: Sie hat die moralischen Normen der guten Gesellschaft, die ihr in der Rolle der reizvollen Frau nur harmlose Flirts gestattet, überschritten und ihren Ruf ruiniert; in der Ehe häufen sich die Streitigkeiten. Fünf Jahre hält Sophie Mereau diesen Zustand aus, eine Zeit, in der sie trotz zunehmender häuslicher Belastungen nicht aufhört zu schreiben. Sie beginnt ein größeres Projekt, aus dem dann später *Amanda und Eduard* wird, wofür sie teilweise den Briefwechsel mit Kipp als Textmaterial verwendet – sie hält an ihrer Identität als Schriftstellerin fest. Mit der zunehmenden Anerkennung des Publikums wird Schreiben zu einer realistischen Lebensperspektive. 1800 trennt sich Sophie Mereau von ihrem Mann, zieht nach Camburg und setzt ein Jahr später die Scheidung durch.

Die Ehescheidung (die mit einer Sondergenehmigung des Herzogs Karl August von einer Kommission unter dem Vorsitz von Herder ausgesprochen wird) ist die erste in Jena. Sie erfolgt unter relativ liberalen Bedingungen: in gegenseitigem Einvernehmen, ohne Prozeß, ohne Schuldzuweisung und mit einem von beiden ausgehandelten Vertrag. Sophie Mereau erhält Unterhalt (200 Reichstaler, was zum Leben nicht ausreicht) und darf, solange es ihr geschiedener Mann gestattet, die vierjährige Tochter Hulda behalten (der Sohn Gustav war ein Jahr zuvor im Alter von sechs Jahren gestorben). Sie verzichtet dafür auf die Herausgabe ihrer Mitgift und verpflichtet sich, nicht in der-

selben Stadt zu leben wie ihr Ex-Mann. Sophie Mereau verdankt es nur der Gutmütigkeit (oder dem Desinteresse)
ihres Mannes, daß ihre Tochter weiter bei ihr leben darf.
Nach der Rechtslage hatte allein der Vater die Erzieh-
ungsberechtigung für die Kinder (ab 4 Jahren), die ihm nur
bei sehr groben Verstößen entzogen werden konnte. Neben
der finanziellen Verschlechterung war dies für viele Frauen
der Hauptgrund, vor einer Scheidung zurückzuschrecken.
Für Sophie Mereau muß die Ehe so unerträglich gewesen
sein, daß sie dieses Risiko auf sich nahm.

DIE ZEIT NACH DER SCHEIDUNG empfindet Sophie
Mereau als schwer erkämpften, mühsamen Neubeginn und
als notwendige Phase ihrer Persönlichkeitsentwicklung:
»In jenem Zustand fühlte ich mich wie die Puppe eines
Schmetterlings. Jede Veränderung jede ... Berührung war
mir schmerzlich, u. ich fürchtete als Larve zu sterben. Mein
Raupenleben war geendigt; der Uebergang war angefangen, aber ich bedurfte Ruhe zu neuen neuen (sic!)
Dasein...«
Zum ersten Mal hat Sophie Mereau die Möglichkeit, selbständig zu leben; sie fühlt sich endlich »auf ewig Eins mit
sich selbst«. Schon Kipp schreibt sie, daß sie sich wünscht,
ein neues Leben zu beginnen, »doch müßte ich dabei frei
sein. Ich fühl es, wie dieses Bedürfnis sich immer fester in
mein Wesen schlingt.« So läßt sie sich auch nicht mit der
Perspektive auf eine neue Beziehung oder Ehe scheiden,
sondern lebt alleine mit ihrer Tochter und finanziert sich
hauptsächlich durch ihr Schreiben. Sophie Mereau wird
selbständige freie Schriftstellerin. Vermutlich im Frühjahr

1802 zieht sie nach Weimar und damit in ein wichtiges kulturelles Zentrum.

SOPHIE MEREAU ZÄHLT zu den ganz wenigen Frauen des ausgehenden 18. Jahrhunderts, denen es gelang, Literatur zu ihrem Lebensinhalt und Beruf zu machen. Immer wieder verzeichnet ihr notizenartiges Tagebuch das Stichwort »Arbeit«, das für schriftstellerische Produktion steht. Und auch ihre Briefe dienen u. a. der Skizzierung ihrer jeweiligen Projekte und der Darlegung ihrer künstlerischen Absichten. Sophie Mereau entwickelt eine breit gefächerte Aktivität, die in für damalige Autorinnen ungewöhnliche Gattungen vorstößt. Neben Lyrik, Erzählungen, zwei Romanen, Übersetzungen und Bearbeitungen verfaßt sie u. a. einen Essay, eine Rezension zu *Wilhelm Meisters Lehrjahren*, ist als Herausgeberin verschiedener Almanache und Kalender tätig, gestaltet eine eigene literarische Zeitschrift und versucht sich auch im dramatischen Fach, wo sie ein von ihr übersetztes Drama auf die Bühne bringen möchte. Nach ihren ersten Erfolgen tritt Mereau recht selbstsicher auf. Sie veröffentlicht nun meist unter ihrem Namen, führt die Verhandlungen mit Verlegern und Herausgebern selbst und äußert genaue Vorstellungen über die Gestaltung ihrer Werke, über den Zeitpunkt ihres Erscheinens und auch über die Höhe des Honorars.

Sophie Mereau erobert sich einen Platz auf dem literarischen Markt und macht sich als Schriftstellerin einen Namen. Dennoch kann sie sich keinen festen Verleger sichern, der ihr die Abnahme ihrer Schriften garantiert. Sie fordert und erhält Bogenpreise zwischen 18 und 22 Talern, für Übersetzungen, wie üblich, wesentlich weniger (4–5 Taler). Als Durchschnittspreis gilt 5–7 Taler pro Bogen, selten erzielte Spitzenpreise können zwischen 25 und 35 Talern liegen. Damit kommt Mereau zu Jahresverdiensten von schätzungsweise 700 bis 800 Talern und darüber, wobei ihre Einnahmen wahrscheinlich stark schwanken. (Zum Vergleich: Jean Paul Richter, der in der Forschung als der erste freie Schriftsteller in Deutschland gilt, verdient ca. 1000 Taler im Jahr.) Davon kann sie leben, aber sie muß ständig produzieren und bei größeren Ausgaben Schulden machen. Langfristige finanzielle Sicherheit kann sie so nicht erreichen; ein Schicksal, das sie mit allen freien Schriftstellern teilt, da der literarische Markt in Deutschland im 18. Jahrhundert noch unentwickelt ist. Schriftstellerinnen trifft diese Situation noch härter als ihre männlichen Kollegen, da sie sich anders als diese nicht durch ein Amt absichern können und offensichtlich auch keine Mäzene finden.

Obwohl Sophie Mereau auf die Einkünfte aus ihrem Schreiben angewiesen ist, paßt sie sich nicht völlig an die Bedürfnisse des literarischen Marktes an: sie schreibt weder Unterhaltungsromane noch Erziehungsratgeber oder Kochbücher. Ebensowenig läßt sie sich vom Publikumsgeschmack beherrschen und riskiert mit ihrer Hinwendung zur Romantik, das Wohlwollen ihrer Rezensenten zu verlieren (was auch geschieht). Trotz ihres literarischen Anspruchs wird Sophie Mereau immer wieder als »Damenschriftstellerin« eingeordnet, was die Grenze der den Frauen zugestandenen Literaturproduktion markiert – von »hoher Kunst« sind Frauen ausgeschlossen. Anders als Karoline von Günderrode, die unter dieser Grenze extrem leidet, stellt Sophie Mereau sie zwar nicht offensiv in Frage, aber sie lehnt es auch ab, sich z. B. wie Sophie von LaRoche in die den Frauen zugestandene Nische der pädagogisch-moralischen Schriftstellerin zurückzuziehen. Doch die meisten Rezensenten übersehen geflissentlich die kritischen Momente in ihrem Werk und bemühen sich, es in ein weiblichkeitskonformes umzudeuten. So wird Mereau vor allem mit ihren Naturgedichten bekannt und dafür gelobt, daß sie mit der Wahl dieser den Frauen zugestandenen Gattung die Grenzen ihres Geschlechts nicht übertrete – der Inhalt aber, nämlich der Freiheitsanspruch, den Mereau auch in ihrer Naturlyrik immer wieder zum Thema macht, wird ignoriert. Als Autorin wird Sophie Mereau von ihren Rezensenten nicht ernst genommen.

Auch ihre Schriftstellerkollegen erkennen (anders als ihre Kolleginnen) Sophie Mereau nicht als gleichberechtigte Autorin an. Sie gerät in die verschiedenen Rollen, die Frauen im Umgang mit Dichtern zugewiesen werden. Als Schülerin von Schiller wird sie gefördert und bevormundet. Als Verehrerin von Goethe reiht sie sich ein in die Reihe der literarisch interessierten Frauen, die mit ihm einen Geniekult betreiben. Jean Paul Richter nennt sie »eine niedliche Miniatür-Grazie« und gilt als in sie verliebt, und Friedrich Schlegel behandelt sie als Lustobjekt.

DIE ABWEHR SCHREIBENDER MÄNNER gegen schreibende Frauen wird für Sophie Mereau aber erst dann zu einem ihr Selbstverständnis bedrohenden Problem, als sie mit einem Schriftsteller eine Liebesbeziehung eingeht, und zwar ausgerechnet mit Clemens Brentano. Als sie ihn

1798 in Jena kennenlernt, tritt sie dem literarisch ambitio-
nierten Studenten als erfahrene Schriftstellerin gegenüber.
Sie fördert ihn und bietet ihm Veröffentlichungsmöglichkeiten, nimmt sich aber auch ganz selbstverständlich
das Recht, seine Werke abzulehnen oder zu korrigieren.
Doch schon bald muß sie um ihre Position kämpfen, denn
Clemens Brentano fühlt sich in seinem Versuch, sich als
Schriftsteller zu entwerfen, von der schreibenden Frau bedroht. Sophie Mereau läßt sich zunächst seine Probleme
nicht aufzwingen und bricht die Beziehung ab. Erst im Mai
1803 gelingt es Brentano, sie zu einem Wiedersehen zu
überreden. Es beginnt eine intensive und psychologisch
äußerst komplizierte Liebesbeziehung: Während Sophie
Mereau in dem exzentrischen, rebellischen, antibürger-
lichen Brentano ihre eigenen Wünsche wiederzufinden
glaubt und auf eine gemeinsame Schriftstellerexistenz
hofft, versucht Brentano sie rücksichtslos zu vereinnahmen
und sie mit »ästhetischer Gewaltthätigkeit« zum Material
für sein als Kunstwerk verstandenes Leben zu machen.
Brentano, dem es um seine psychische Stabilisierung geht,
drängt auf die Heirat: »...o Sophie, führe mich ins Leben,
führe mich in die Ordnung, gib mir ein Haus, ein Weib, ein
Kind, einen Gott...« Mereau aber will die Liebesbeziehung
nicht institutionalisieren, sondern lieber in »wilder Ehe«
leben. Erst als sie schwanger ist, stimmt sie der Heirat zu.
Dies ist keine rein rationale Entscheidung (es gab durchaus
Möglichkeiten, ein uneheliches Kind zu verbergen), sondern ihr Entschluß fällt spontan und wider besseres Wissen:
»Ich habe Deinetwegen schon wieder Streit gehabt. Es ist
sonderbar, daß auch nicht Ein Mensch ist, der nicht Deine
Talente bewundert und Deinen Karackter fürchtet – Nur

ich, ich fürchte ihn nicht; es macht mich ganz frölich, mich einmal so ganz allein, keck der ganzen Welt entgegen zu stellen. Ich werde mit Dir glücklich *sein*, das weiß ich; ob ich es *bleiben* werde, das weiß ich nicht, aber was geht mich die Zukunft an? – Kann ich nicht sterben, eh' ich unglücklich werde?«

Sie heiratet am 29. November 1803 und zieht zu ihrem Mann nach Marburg. Mit ihren Befürchtungen aber hatte sie nur allzu recht; die Ehe mit Clemens Brentano wird für sie zu einer enormen Belastung. Sophie Brentano muß die gesamte Organisation des Alltags bewältigen, da Clemens Brentano trotz seines Bedürfnisses nach bürgerlicher Sicherheit die Rolle des Hausvaters nicht übernehmen will. So muß sie verschiedene Umzüge nach und innerhalb von Heidelberg organisieren, während er auf Reisen geht und dichterische Anregungen sammelt. Sophie Brentano muß auf den verschiedensten Ebenen um ihre literarische Produktion kämpfen: gegen den Zeitmangel und die Alltagssorgen, gegen die Ansprüche ihres Mannes auf ungeteilte Aufmerksamkeit und gegen die eigene Verunsicherung. Brentano versucht, seine Frau in die Rolle der Muse zu drängen und erträgt es nicht, neben einer eigenständigen Schriftstellerin zu leben; gemeinschaftliches Produzieren ist für ihn nur mit seinem Dichterfreund Achim von Arnim vorstellbar. Ihre Werke wertet er systematisch ab und stellt sie unter die seinigen. Sich Clemens Brentano gegenüber zu behaupten, ist für Sophie Brentano wohl auch deswegen so schwierig, weil sie ihn als Genie anerkennt. Wenn sie sich auch nicht auf bloße Zuarbeit festlegen läßt, so zeigt sich eine gewisse Verunsicherung beispielsweise darin, daß sie sich auf die Diskussion einläßt, eigene Arbeiten unter dem

Namen von Achim von Arnim erscheinen zu lassen. Sophie Brentano publiziert während ihrer dreijährigen Ehe zwar zahlreiche eigene Arbeiten, jedoch meist Übersetzungen, Bearbeitungen und kleinere Erzählungen, ein größeres Werk beginnt sie in der Kürze der Zeit nicht. Ihren selbstbewußten Anspruch, in der Kunst etwas leisten zu wollen (»eine Erndte will ich haben«), gibt sie nicht auf. Aber sie wird auch von Selbstzweifeln gequält und hat zunehmend Momente, in denen sie sich als gescheitert sieht. Dafür macht sie vor allem den Konflikt von Kunst und Liebe verantwortlich:

»Jede Frau, die sich zu einer Kunst oder Wißenschaft berufen fühlt u. sich ihr widmet, soll es auf eine ernste feste u. besonnene Weise thun – nicht etwa wie ich, die sich dabei einer Menge von Schicksalen und Neigungen preisgab.«

Den Geschlechterverhältnissen, gegen die Sophie Mereau-Brentano ihr Leben lang mit ihrem Schreiben und weitgehend auch in ihren Werken ankämpfte, konnte sie nicht entgehen. Gerade in der Beziehung zu Clemens Brentano, in die sie so viele Hoffnungen setzte, wurden sie ihr zum Verhängnis – und zwar nicht nur als Autorin. In drei Ehejahren bekommt sie drei Kinder, die alle nach kurzer Zeit sterben. Nach dem zweiten Kind mit Brentano (ihrem vierten) will sie kein weiteres mehr. Doch Clemens Brentano, für den eigene Kinder von enormer psychischer Bedeutung sind, setzt sie unter Druck. Nach ihrer Biographin Gersdorff hat sie Ende 1805 eine Fehlgeburt, nach der sie schwer erkrankt. Am 31. Oktober 1806 stirbt sie bei der Geburt eines toten Kindes. Sie wurde 36 Jahre alt.

Susanna Roth
Božena Němcová

Anders als die sofort nach ihrem Tode einsetzenden
nationalen und später die kommunistischen Verein-
nahmungsversuche nahelegen, war Božena Němcová
weder eine Märtyrerin der tschechischen Literatur noch
eine Kämpferin für eine bessere Zukunft, und sie war
auch nicht das wehrlose Opfer eines groben, despotischen Gatten. Sie war eine außerordentlich begabte
Schriftstellerin und eine für ihre Umgebung ungewöhnliche Frau, die ihrer Epoche voraus war und letztlich an
der Kurzsichtigkeit und Intoleranz ihrer Zeitgenossen
scheiterte.

AM 24. JANUAR 1862 wurde in Prag Božena Němcová
zu Grabe getragen, die bedeutendste tschechische Schriftstellerin des 19. Jahrhunderts, die »erste moderne tschechische Frau«. Ein großartiges Begräbnis: es waren nicht
nur zahlreiche bedeutende Professoren, Patrioten und
Abgeordnete zugegen, sondern auch SchriftstellerInnen
und StudentInnen, das Fürstenpaar Thurn und Taxis, die
Gräfin Kounic, und den Wagen für den Sarg hatte Fürst
ClamMartinic persönlich geschickt. Der von einer riesigen

Volksmenge begleitete Trauerzug bewegte sich langsam nach Vyšehrad, wo die berühmte Dichterin, die wahrscheinlich sechsundvierzig Jahre alt geworden ist, auf dem Heldenfriedhof beigesetzt wurde. Die Zeit davor war weniger glorreich, was der Ausspruch eines Freundes, der Božena unterstützt hatte, illustriert: »Ich verbrenne ihre Briefe, damit auf das tschechische Volk nicht die Schande fällt, daß es seine Volksaufklärer habe verhungern lassen.« Und die Schriftstellerkollegin Karolina Světlá notierte: »Wahrscheinlich wird die Tatsache für immer am tschechischen Volke haften bleiben, daß es seine bedeutendste Schriftstellerin in Armut und Elend hat zugrunde gehen lassen.«

Lange Zeit ist Božena Němcovás Herkunft ungeklärt geblieben. Die ersten Kindheitsjahre waren geheimnisumwittert und gaben immer wieder Anlaß zu Spekulationen: so wurde oft gemunkelt, sie sei eine Tochter der Herzogin Katharina Wilhelmine von Sagan und des Fürsten Metternich – die beiden waren bekanntlich zwischen 1812 und 1815 eng liiert. Das erste schriftliche Dokument über die Existenz des Kindes ist bis heute der Wiener Taufschein vom 5. Februar 1820, angeblich geboren als uneheliche Tochter Barbara des böhmischen Dienstmädchens Theresia Nowotny, nachträglich anerkannt vom Herrschaftskutscher Johann Pankl, einem Österreicher. (Daraus schloß man auf das Geburtsdatum 4. Februar 1820). Das Paar heiratete im Sommer desselben Jahres in Böhmisch Skalitz – möglicherweise hatten sie sich schon in Wien kennengelernt. Sie standen beide im Dienste der Herzogin von Sagan, die damals in dritter Ehe mit dem Grafen Karl von der Schulenburg verheiratet war, und arbeiteten in deren

Božena Němcová

Sommerschloß Ratibořitz in Nordostböhmen: Johann als Stallmeister, Theresia in der Wäscherei. Obwohl letzte Beweise fehlen, scheint heute mit ziemlicher Sicherheit festzustehen, daß Barbara ein uneheliches Kind von Katharina Wilhelmines jüngster Schwester Dorothea war.

Dorothea wurde im Alter von siebzehn Jahren gegen ihren Willen mit Graf Edmond Talleyrand Périgord verheiratet, einem Neffen des berühmten Staatsmannes. Eben dieser Onkel nahm dann nicht seine Frau, sondern die schöne Herzogin Dorothea mit an den Wiener Kongreß, wo sie ihre erste leidenschaftliche Liebe mit dem Fürsten Karel ClamMartinic erlebte. Sie wollte Mann und Kinder verlassen, kehrte jedoch im April 1816, »nach schwerer Krankheit«, wieder nach Paris zurück. Dort lebte sie dann aber nicht mit dem angetrauten Edmond, sondern mit dem alten Talleyrand, bis an dessen Lebensende. Als Dorothea 1844 nach dem Tod ihrer Schwester Katharina Schloß Sagan im preußischen Schlesien übernahm und zu ihrem Wohnsitz machte, ließ sie Johann Pankl mit seiner Familie dorthin kommen, wohl als Dank für geleistete Dienste, die über jene des Kutschers und Stallmeisters hinausgegangen waren. Denn Dorotheas »schwere Krankheit« war in Wirklichkeit eine Schwangerschaft, das Kind war mit großer Wahrscheinlichkeit Barbara, geboren in Wien Anfang 1816, aufgezogen von den Pankls.

Obwohl ich nicht der Ansicht bin, daß Biographien für das Verständnis eines künstlerischen Werks von besonderer Bedeutung sind, scheint Barbaras Herkunft ein Problem gewesen zu sein, das sich im Leben und im Werk der späteren Dichterin widerspiegelt. Außerdem erhellt sie viele Unstimmigkeiten zwischen (nachträglich abgeänderten)

Urkunden und Angaben der Autorin und deren Zeit-
genossInnen.

Das Mädchen lebte also in Ratibořitz, wo der Vater (da
Božena Němcová Theresia und Johann Pankl ihr Leben
lang als ihre Eltern bezeichnete und anerkannte, werden
sie im weiteren so genannt) sich nur im Sommer aufhielt –
den Winter mußte er in Wien verbringen. Theresia Pankl
gebar zwischen 1821 und 1840 noch zwölf Kinder, von
denen sechs im Alter zwischen neun Wochen und sieben
Jahren starben. (Barbaras ältester Bruder nahm sich später
in Radetzkys Armee das Leben, der jüngste wanderte nach
Amerika aus und blieb verschollen.) Zu Hause wurde
Deutsch gesprochen, der Vater konnte nur wenig Tschechisch, die Mutter gebrauchte die Sprache des Volkes aus
Standesgründen kaum – fast die ganze Korrespondenz zwischen den Familienmitgliedern wurde auf Deutsch geführt,
und von dem 1837 geborenen Gustav ist überliefert, daß er
als Erwachsener kein Tschechisch mehr verstand. (Božena
Němcovás Deutsch blieb ihr Leben lang so gut, daß sie, als
ihre Familie Not litt, auch ziemlich elegant übersetzen
konnte.) 1825 kam die Großmutter in den Haushalt der
Tochter, um ihr während der fünf nächsten Jahre bei der
Betreuung der Kinder zu helfen. Wie man aus dem späteren Hauptwerk der Dichterin, *Die Großmutter* (das keinesfalls autobiographisch zu verstehen ist) herauslesen kann,
hat diese einfache Frau für die psychische Entwicklung des
Mädchens eine wichtige Rolle gespielt, ersetzte sie ihr doch
die fehlende Mutterliebe. In der Tat entwickelte sich zwischen Theresia und Barbara nie eine innige Beziehung, die
Mutter blieb stets kühl distanziert – Frau Pankl half der
Kranken nicht und fehlte auch auf dem pompösen Begräb-

nis ihrer berühmten Tochter. Diese wiederum hat in ihrem Werk nie eine positive Mutter-Tochter-Beziehung geschildert. Unter dem Eindruck des Buches, des meistverlegten in der tschechischen Literatur, ist die Bedeutung der Großmutter jedoch überbewertet worden.

Barbara besuchte von 1824 bis 1830 die Grundschule in Böhmisch Skalitz, danach kam sie, die man jetzt Fräulein Betty nannte, in die Familie des Zentralökonomieverwalters Hoch in Chwalkowitz, wo sie weiteren Unterricht genoß und die Schloßbibliothek zur Verfügung hatte. Sie verschlang nicht nur die damalige deutsche Unterhaltungsliteratur, sondern las auch mit Begeisterung Schiller, Kleist, Wieland, Klopstock und Gutzkow. Angeblich hat sie in jener Zeit erste Gedichte geschrieben, die jedoch nicht erhalten geblieben sind. Für diese drei Jahre hätte die Familie finanziell nicht aufkommen können, auch kam kein anderes ihrer Kinder in einen ähnlichen Genuß – ein Indiz dafür, daß die Herzogin von Sagan sich, wenigstens minimal, während der Jugend um die ungewollte Tochter ihrer Schwester kümmerte. Schon zu dieser Zeit war Fräulein Betty ein außerordentlich schönes, zur Frau erblühendes Mädchen, sie gefiel den Männern und hatte erste Verehrer – dies ein weiteres Indiz für die Richtigkeit der Annahme eines früheren Geburtsdatums; denn nach dem traditionell überlieferten wäre sie bei diesem Aufenthalt erst zwischen zehn und dreizehn Jahren alt gewesen.

NACHDEM SIE ZU IHRER FAMILIE zurückgekehrt war, heiratete sie den damals zweiunddreißigjährigen Finanzwachangestellten Josef Němec, der acht Jahre Ar-

meedienst hinter sich hatte und sehr stark national engagiert war. Die Verbindung war nie glücklich; trotzdem gebar sie in den ersten fünf Ehejahren vier Kinder. (Aus
einem Brief an ihre Schwester Adele: »Merk Dir, die Ehe
kann der Himmel sein, wo Liebe und gegenseitige Achtung
herrschen, sie verwandelt sich aber in die Hölle, sobald sie
zur Gemeinheit absinkt. Leider ist das so bei unserer
Schwester Marie und teilweise auch bei mir! Geheiratet
habe ich einmal aus eigenem Unverstand und dann wegen
der wohlgemeinten Überredungen von Mutter und Němec.
Adele, in den ersten acht Tagen meiner Ehe habe ich die
ersten Tränen geweint bittere Tränen! Wie schön, wie herr-
lich hatte ich es mir vorgestellt, an Seiten eines geliebten
Mannes zu leben, doch dieses Leben war mir nicht
bestimmt!«). Němec war gewiß kein poetischer, zartbesaite-
ter Geist, dennoch verdankt die junge Frau ihm bezüglich
ihrer patriotischen Ideen vermutlich mehr als der legen-
dären Großmutter: er wurde aus beruflichen Gründen oft
versetzt, und so lernte sie die Sitten und Bräuche in unter-
schiedlichen Gegenden Böhmens und später auch der
Slowakei kennen – die Grundlage ihrer folkloristischen
und ethnographischen Arbeit. Die ersten tschechischen
Bücher las sie erst 1840, Grammatik und Orthographie
lernte sie erst 1842, als Němec Arbeit in Prag bekam. Die
äußerst attraktive und wissensdurstige junge Frau wurde
sofort in die führenden patriotisch-intellektuellen Kreise
aufgenommen: ganz im Sinne eines national engagierten
Romantismus halfen die neuen Freunde ihr, sich sprach-
lich, kulturell und ideologisch zu orientieren. Sie unterstützten ihre Interessen. Und sie machten ihr den Hof.
Während dieses Prager Aufenthalts erlebte Božena, wie sie

sich von nun an nannte, ihre erste große Liebe zu dem jungen Dichter Václav Bolemír Nebeský. Unter seinem Einfluß entstanden ihre ersten tschechischen Verse. Wahrscheinlich, um die für ihn qualvolle Beziehung abzubrechen, beschloß der eifersüchtige Geliebte, seine Studien in Wien fortzusetzen, und verließ Prag 1844. Beide litten unter der Trennung, Nebeský trug sich sogar mit dem Gedanken, für immer dort zu leben. Als später wieder beide in Prag wohnten, blieben sie Freunde, Nebeský half ihr auch materiell, und nach ihrem Tod redigierte er einige Bände ihrer gesammelten Schriften. Němcová, die mit ihrer Familie kurz nach der Abreise des Freundes nach Südböhmen zog, widmete sich eifrig ihrer Arbeit, sie sammelte und schrieb Märchen, die sie nicht so aufzeichnete, wie man sie ihr erzählte, sondern phantasievoll ausschmückte. Dieser Liebesschmerz – es sollte nicht der letzte sein – lehrte sie, Trost in der Arbeit zu suchen.

»Meinem Mann gefällt es nicht, daß ich mich so ganz der Schriftstellerei widme, er sähe mich lieber als virtuose Hausfrau, ich begreife, daß wir dann glücklicher wären und er sich nicht glücklich fühlen kann, wenn er nicht die Frau hat, die er sich wünscht, aber ich kann mir nicht helfen – das sind keine leeren Worte, ich kann es nicht – im Haushalt bin ich nur eine seelenlose Maschine. Ich muß schreiben; bin ich oftmals auch bedrückt von Sorgen und Verdruß, so vergesse ich alles, sobald ich mich zum Schreiben hinsetze, und lebe dann in einer anderen Welt.« Diese Worte schrieb sie an ihren Freund Helcelet. Und in einem Brief an Adele heißt es: »Als ich am unglücklichsten war, ging für mich ein schöner Stern der Liebe auf, wie für einen Pilgerer, der im Dunkeln tappt. Er hat mir auf den Weg

geleuchtet, und ich bin ihm gefolgt. Es war die Poesie, die,
wie eine Wunderblume, in meinem Innern durch das
Unglück zum Leben erwachte! Nur sie versüßt mein Leben,
und ich habe mich ihr für immer verschrieben! Sie hat
mich gelehrt, die Menschen zu lieben, sie hat verhindert,
daß ich irgendwann in der Niedrigkeit des Lebens versank,
sie hat mein Herz besser gemacht, mein Denken geedelt.
Sie hat mir auch Frieden in der Ehe geschenkt.«

Der Frieden in der Ehe war ein frommer Wunsch, eine
große Illusion. Allerdings war daran nicht nur der unge-
liebte Mann schuld. Ebenso wie man Boženas armem, ver-
schuldeten Verleger gewöhnlich die Schuld an ihrem Tod
zuschreibt, sieht man in Josef Němec das schwarze Schaf
und den Sündenbock für ihr unglückliches Leben. Es war
für ihn gewiß nicht leicht, neben der jüngeren, schönen,
geistig überlegenen und untreuen Frau zu leben. Wäre
diese wenigstens mit einem Geliebten glücklich geworden,
hätte das Ganze wohl anders ausgesehen. Doch ihre Verehrer nutzten ihre Liebe und ihre Lage aus, sie interpre-
tierten die »Emanzipation« der Dichterin auf ihre Weise
und egoistisch zu ihrem Vorteil.

Božena Němcovás wichtigstes Vorbild war George Sand,
nicht so sehr als Schriftstellerin denn als Frau, die ein frei-
es Leben führte. In ihrer Bibliothek standen deutsche
Übersetzungen der bewunderten Französin, in ihrem
Arbeitszimmer hing deren Portrait. Auch Božena Němcová
folgte der Stimme ihres Herzens und hatte bis 1855 noch
mindestens drei weitere (wenigstens für sie) ernsthafte
Liebesbeziehungen, die immer auch Männerfreundschaf-
ten belasteten, da die Anwärter rasch zu Rivalen wurden.
Letztlich aber haben alle diese von den Männern oft als

Abenteuer verstandenen Geschichten sie tief enttäuscht und verletzt. Es gibt einen wunderbaren und erstaunlich offenen Brief an ihren Mann, in dem sie sich über die Liebe und die Ehe äußert: »Ich hatte mehr als einen Verehrer der eine faszinierte mich durch seinen Geist, der andere durch seinen Körper, der eine hatte Herz, der andere Verstand, schließlich aber habe ich in ihnen doch nicht das gesehen, wonach ich mich gesehnt habe: den Mann, den ich gern verehrt hätte. Alle hatten sie ihre Schwächen, der Nimbus erlosch, übrig blieben gewöhnliche Männer, von denen ich mir keinen als Gatten genommen hätte.« – »Selten hat eine Frau die Würde der Ehe so in Ehren gehalten, wie ich es tat und noch tue, aber den Glauben daran habe ich schon früh verloren. Wo sieht man sie? Lauter Lug und Betrug, privilegierte Sklaverei, aufgezwungene Pflicht – kurz, Niedrigkeit. Mein Herz dürstete danach, innig geliebt zu werden, ich habe die Liebe gebraucht wie eine Blume den Tau, vergebens jedoch habe ich so eine Liebe gesucht, wie ich selbst sie empfand. Ich wollte einen Mann, den ich hätte verehren können, der hoch über mir gestanden hätte, mein Leben hätte ich für ihn hingegeben, doch ich habe in den Männern nur grobe Despoten, nur die Herren gesehen. Das hat meine Inbrunst erkalten lassen, die Achtung ist verlorengegangen. Bitterkeit und Trotz haben sich in meinem Herzen eingenistet. Meinen Körper, meine Taten, meine Offenheit habt ihr besessen, doch meine Sehnsüchte sind in die Ferne geschweift, wohin, das habe ich selbst nicht verstanden. Ich verspürte eine Sehnsucht, wollte diese Leere in meinem Herzen ausfüllen, wußte jedoch nicht, womit. Damals glaubte ich, es könnte nur die Liebe zu einem Mann sein; heute weiß ich, daß dem nicht so ist.«

Bei Němec blieb sie vor allem der Kinder wegen. Sie geriet in Konflikt mit der Gesellschaft, weil sie versuchte, sich kompromißlos nur an ihren eigenen Moralkodex zu halten, wobei es ihr immer wichtig war, trotzdem eine fürsorgliche Mutter zu bleiben. Sie wurde geschnitten und auch verleumdet. Ein einflußreicher katholischer Priester und Schriftsteller (der später ruhig hinter ihrem Sarg einherschritt), verlangte von ihr sogar, öffentlich Buße zu tun für ihren anstößigen Lebenswandel.

DIE SITUATION hatte sich auch politisch massiv verschlechtert. Božena und ihr Mann hatten aktiv an politischen Demonstrationen teilgenommen, Beiträge für Zeitungen verfaßt etc. Während des nachfolgenden Neo-Absolutismus hatte das zur Folge, daß Němec mehrmals strafversetzt wurde, zuletzt in die ungarische Slowakei, wohin sie ihm nicht mehr folgte. Sie ließ sich 1850 mit den Kindern wieder in Prag nieder, unternahm aber mehrere Reisen in die Slowakei, wo sie reiches Material für ihre volkskundlichen Studien fand. Als ihr Mann zunächst vom Dienst suspendiert und dann vorzeitig in den Ruhestand geschickt wurde, hätte sie mit ihren kümmerlichen Honoraren und gelegentlichen Unterstützungsgeldern die Familie allein durchbringen sollen. Obwohl sie bis zur Erschöpfung arbeitete, herrschte bittere Not; oft konnte sie das Haus nicht verlassen, weil sie keine Schuhe hatte, es fehlte an Lebensmitteln, Kleidern, Papier zum Schreiben. Ihre Gesundheit litt sehr, zudem stand sie, als »böhmische Schriftstellerin von regierungsfeindlicher Tendenz«, unter Polizeiaufsicht. Als 1853 auch noch ihr ältester und begabtester Sohn Hynek starb, verfiel sie in verzweifelte Trauer und flüchtete sich immer mehr in die Phantasiewelt der Dichtung. Viele ehemalige Freunde wandten sich von ihr ab. Zu der Zeit entstand *Die Großmutter*, keine realistische Schilderung des heilen dörflichen Lebens, sondern eine tröstende biedermeierliche Idylle. Das Buch erschien 1855 und wurde von der Kritik sehr positiv aufgenommen. Den Erfolg (vor 1900 wurden Übersetzungen in neun Sprachen publiziert, auf die in unserem Jahrhundert noch mindestens zehn weitere folgten) erlebte sie nicht mehr, das Ansehen, das sie genoß, machte sie nicht glücklich.

Nachweisbar hat sie über lange Jahre immer wieder eine Emigration in Erwägung gezogen, am liebsten nach Amerika. (»Hätte ich Geld und wäre Hynek gesund, so würde ich mit den Kindern weit weg ziehen, vielleicht nach Amerika, und glaub mir, es würde mir gar nicht leid tun um Österreich.« »Prag ist in dieser Hinsicht nicht Wien, wo man viel leichter einen Dienst bekommt, da viele Menschen zusammenströmen. Wäre ich ledig oder hätte ich keine Kinder, ginge ich nach Amerika oder Rußland, da sind Aussichten für ein Frauenzimmer und gute Dienste, ohne daß man ein Sklave ist, wie es in Europa der Brauch ist.«) Dazu kam es jedoch nicht. Schon schwerkrank, fuhr Božena Němcová 1861 nach Litomysl, um für den dortigen Verleger Augusta die Herausgabe ihrer gesammelten Werke vorzubereiten. Ihre Kräfte reichten aber nicht mehr aus, Augusta konnte und wollte nicht mehr bezahlen. Josef Němec mußte sie nach Prag zurückholen, wo sie 1862 starb. (»Nach dem Tod würden sie dich am liebsten in Goldbrokat kleiden, doch zu Lebzeiten fragt niemand: ›Mensch, wie geht es dir?‹«, schrieb sie einmal.) Dann fand also dieses prachtvolle Begräbnis statt, und darauf folgte der zweite Akt der Tragödie: der Mißbrauch des Werks, das der Dichterin so sehr am Herzen gelegen hatte.

SOFORT NACH IHREM TOD wurde Božena Němcová zum Mythos und zum Symbol. An dieser Situation hat sich bis heute nicht sehr viel geändert. Warum, wird deutlich, wenn man bedenkt, in welcher Zeit sie zu schreiben begann: sie füllte sozusagen eine Marktlücke. Zur Herausbildung der nationalen Kultur und zur Stärkung des Bewußtseins einer tschechischen Identität hatten die Vertreter der Wiedergeburt schon lange auf schreibende Frauen gewartet und sie sogar erfunden, d.h. ihre eigenen Texte mit Frauennamen gezeichnet. Božena Němcová nun bemühte sich, den von ihr erwarteten volkserzieherischen Aufgaben im Rahmen ihrer Möglichkeiten gerecht zu werden, was ihr auf literarischem und ethnographischem Gebiet am besten gelang.

Möglicherweise war sie die politisch bewußteste Frau ihrer Zeit, man kann jedoch nicht von einem politischen Denken bei ihr sprechen. Sie glaubte nicht an blutige Revolutionen, sondern an eine Verbesserung der Gesellschaft durch friedliche Reformen. Die Liebe zum Mitmenschen, vor allem zu den Armen, bildet den Kern ihrer von der Naturphilosophie Jean-Jacques Rousseaus und den Humanitätsidealen Johann Gottfried Herders beeinflußten, im Grunde tief christlichen Lebensphilosophie (ihr Antiklerikalismus darf nicht darüber hinwegtäuschen, daß sie im Grunde genommen religiös war). Sie hatte großes Verständnis für soziale Probleme, wobei ihr Blick für die Not anderer durch ihr

eigenes Elend noch geschärft wurde, und engagierte sich
vor allem für die Emanzipation der Frau, die Besserstellung
der Dienstmädchen und die Schulbildung für Mädchen.

Božena Němcová wurde von Frantisek Matouš Klácel,
einem mährischen Patrioten und Priester hegelianischer
Prägung, über den utopischen Sozialismus (insbesondere
Saint-Simon und Fourier) aufgeklärt. Sie war auch Mitglied
des von ihm 1848 gegründeten idealistischen Freundesbun-
des »Böhmisch-Mährische Bruderschaft«, der allerdings
keinen allzu langen Bestand hatte, da fast alle männlichen
Mitglieder um die Gunst der schönen Dichterin buhlten
und sich aus Eifersucht untereinander zerstritten. Zu
bedenken ist in diesem Zusammenhang, daß das politische
Bewußtsein der Frauen in Böhmen, im Unterschied etwa zu
Amerika oder Frankreich, 1848 weniger stark ausgebildet
war: politische Gleichstellung, Stimmrecht oder der Zutritt
zu den Hochschulen kamen während jener revolutionären
Periode nicht einmal zur Sprache.

Die Anfänge der eigentlichen Frauenbewegung in Böhmen
fallen in die sechziger und siebziger Jahre des letzten Jahrhunderts, also die Zeit nach dem Tod ihrer ersten, in vie-
lem noch unbewußten Vorkämpferin.

Man kann für Božena Němcovás Werk von einem bie-
dermeierlichen Stilempfinden sprechen. Ihr patriotisches
Pathos sowie die freie Lebensweise rücken sie aber auch in
die Nähe des Jungen Deutschland: Heinrich Heine kannte
sie auswendig. Mit Ausnahme der Korrespondenz und der
Tagebücher spiegelt ihr Schaffen das Leben nicht wider,
vielmehr ersetzt das Geschriebene Fehlendes. Die Dichterin erfand von Liebe und Glück erfüllte Märchen, konflikt-
lose Welten, um den erdrückenden Existenzsorgen wenig-

stens für Momente zu entrinnen. Ihre literarischen Texte haben häufig Frauen als Hauptfiguren (eine verkleidet sich allerdings als Mann), die jedoch eher als Mütter und Mittelpunkte der Familie denn als romantische Verführerinnen eine zentrale Rolle spielen; oft kommen auch Kinder vor sowie alte, abgeklärte Helden. Die Charakteristika der Frömmigkeit, der maßvollen Bescheidenheit und der Liebe zu Arbeit und Heimat wie auch das Sammeln und Hegen, der Detailrealismus (Schilderung von Volkssitten und -bräuchen) ordnen ihr Adalbert Stifter verwandtes Werk dem Biedermeier zu.

Das scheint auf den ersten Blick schlecht zu der emanzipierten und sozial engagierten Frau zu passen, ist aber nur ein scheinbarer Widerspruch. Gerade das verdrängte Lebensdrama bringt die literarische Idylle hervor, es bewirkt die Flucht in eine versöhnlichere Welt. Hinter den Fassaden des heilen Universums mit seinen harmonisch schönen Formen gähnt das Bewußtsein der menschlichen Nichtigkeit, die existentielle Angst vor der Leere, die aus den Briefen und Tagebuchaufzeichnungen spricht. So bewunderte Božena Němcová zum Beispiel Berthold Auerbach (*Schwarzwälder Dorfgeschichten*) und Josef Rank (*Aus dem Böhmerwald*) – zwei wichtige Vertreter der Dorfprosa, als deren Begründerin in der tschechischen Literatur man sie selbst betrachten kann. Wichtiger als der Gegensatz von Stadt und Land war für sie allerdings die Opposition von Schloß und Dorf. Dies hat offenbar auch autobiographische Aspekte: aufgrund von Anspielungen darf man vermuten, daß sie sich über ihre Herkunft zumindest Gedanken gemacht hat, auch wenn sie wahrscheinlich nicht wußte, wer ihre leiblichen Eltern waren.

Je nach den Erfordernissen der Zeit wurden nun Leben und Werk der Dichterin bemüht – die Vielseitigkeit bot fast für jeden Zugang einen Anknüpfungspunkt. In den ersten fünfzig Jahren nach ihrem Tod, der »vorwissenschaftlichen« Zeit, veränderte sich das Bild nur wenig: man nahm die Dichterin beim Wort, glaubte etwa, bei der *Großmutter* handle es sich tatsächlich um die Beschreibung der glücklichen Kindheit. Über die persönliche Tragik ihres Lebens redete man kaum, über ihre erotischen Freundschaften noch weniger: sie wurde als sakrosankte Wegweiserin für eine bessere Zukunft gefeiert. In den neunziger Jahren verfaßten zwei ebenfalls schreibende Freundinnen ihre *Erinnerungen*, in denen Dichtung und Wahrheit aber größtenteils verwechselt wurden. Unser Jahrhundert sah dann eine ganze Schwemme von Studien, Bearbeitungen und Huldigungen, die aber meist provinziell in der nationalen Thematik verhaftet blieben. Vergleiche aus dem tschechischen oder slawischen Geistesleben sind meiner Meinung nach nicht besonders relevant, und die Bedeutung der deutschen sowie der österreichischen Literatur wurde unterschätzt. Jedesmal, wenn die Nation in Bedrängnis geriet, zitierte man, als eine Art Schutzpatronin, den »schönen, irdischen Engel«, die »lichte Erscheinung jener wunderbaren schlanken Frau mit dem enganliegenden sandfarbenen Kleid, dem weißen Hut auf dem rabenschwarz glänzenden, zu einem Knoten geflochtenen Haar und den dunkelgrünen Augen mit dem schmerzlich dämonischen Ausdruck, die so früh schon verlöschten« (Seifert), um zur moralischen und patriotischen Standhaftigkeit aufzurufen. Allein 1940 erschienen 27 Neuauflagen der *Großmutter*, zwei bedeutende Dichter, Jaroslav Seifert und

Frantisek Halas, widmeten der Galionsfigur des Widerstands je einen Lyrikband.

Bleibt dieser Kult als Rückbesinnung auf die eigene Kultur im Gegensatz zu der von den deutschen Besatzern im Zweiten Weltkrieg aufgezwungenen einigermaßen verständlich, so mutet die kommunistische Vereinnahmung nach 1948 geradezu grotesk oder besser wie eine Vergewaltigung an. Božena Němcová wurde zur revolutionären Kämpferin, die in ihrem Werk die bürgerliche Gesellschaft, die Klassengegensätze und den Kapitalismus angeprangert und den neuen sozialistischen Menschentyp geschaffen haben soll, sie wird zur Pionierin der revolutionären Publizistik hochstilisiert. Sogar in der *Großmutter* entdeckte man Klassenkampf und anderes mehr: »Das Werk wurde durch seinen Ideenreichtum ein nicht mehr wegzudenkender Bestandteil der Revolte gegen alles Faschistische, gegen alles Imperialistische, es lebte im Denken und den Taten der fortschrittlichen Schichten unseres Volkes und in seinem hartnäckigen Kampf für nationale und soziale Freiheit.« In Berichten über ihr Leben werden natürlich, im Einklang mit den verlogen puritanischen Moralvorstellungen jener Zeit, keine Liebhaber erwähnt. Natürlich gehörte und gehört Božena Němcovás Werk zur Pflichtlektüre in den Schulen – übrigens gab und gibt es auch viele »gesäuberte« Ausgaben, da die umgangssprachlichen »Mängel« von beflissenen Herausgebern »verbessert« wurden. Diese Gewaltakte haben größtenteils Männer zu verantworten. Sie bewunderten zwar die Schönheit der Frau, bogen sich aber ihre Schriften nach eigenem Gutdünken oder den Bedürfnissen der Zeit zurecht. Frauen, nicht nur schreibende, haben ihr stets auch Respekt und

liebevolle Achtung entgegengebracht. Es wird äußerst
schwierig sein, das Werk von den Spuren des massiven
ideologischen Mißbrauchs zu befreien, das Image der Na-
tionalheldin zu vergessen und die komplexe Persönlichkeit
der Frau wie auch die künstlerische Bedeutung des Werks
in den Vordergrund treten zu lassen.

UND WELCHE BEDEUTUNG hat Prag im Leben der
Dichterin gespielt? Sicher waren die intellektuellen und
menschlichen Begegnungen ausschlaggebend für die Entwicklung von der deutschen Betty zur tschechischen
Božena. Bei ihrem ersten Aufenthalt war sie zudem eine
strahlend schöne Frau, die alle Männer in ihren Bann
schlug und auf den Bällen Furore machte, zudem war auch
ihre Ehe noch nicht völlig gescheitert. Die Atmosphäre der
Stadt übte die Rolle eines Katalysators für die in ihr
schlummernden Fähigkeiten aus.
Doch so begeistert sie am Anfang gewesen war, nach Prag
zu ziehen und am geistigen Leben teilzuhaben, so widrig
wurden die materiellen Umstände und das Benehmen der
Gesellschaft ihr gegenüber beim zweiten Aufenthalt, als sie
krank und enttäuscht und oft allein mit ihren Kindern dort
lebte. Wirklich zu Hause hat sie sich dort nicht gefühlt und
immer wieder vom Leben auf dem Land geträumt. So wie
früher, als ihr Mann immer wieder in eine andere Gegend
versetzt wurde, mußte auch sie selbst in Prag mehrmals
ihren Wohnsitz wechseln. Bemerkungen über die Stadt sind
selten und fast lakonisch: »In vier, längstens fünf Wochen
werde ich nicht mehr durch das geliebte Prag gehen. Ich
weiß selber nicht, aber es tut mir immer weh, wenn ich

daran denke, daß ich unser Mekka vielleicht nie mehr wiedersehen könnte.« – »Ich bin in Böhmen, unweit unseres Mütterchens Prag, und habe trotzdem Heimweh; hier ist das Volk so rückständig, daß einen davor graut.« Einem Freund schickt sie ein Bild der Metropole und bemerkt: »Das ist eine der schönsten Ansichten von unserem goldenen Prag (in dem es aber wenig Gold gibt!)«. Und in Wien notiert sie: »Schön ist unser Prag, das ist wahr, aber Wien ist reich, man sieht beim ersten Schritt, den man in der Stadt tut, daß hier die Residenz ist, der Mittelpunkt des Handels und der großen Welt.« Das Verhältnis muß sehr zwiespältig gewesen sein, mit dem »Mütterchen« hatte sie ebenso Probleme wie mit der Mutter und der Adoptivmutter: viel Liebe wurde ihr nicht entgegengebracht. Vielleicht erlebte sie die Stadt auch ähnlich wie die Männer, die sie in ihr kennenlernte: von begeisterter Zuwendung zu kalter Zurückweisung.

Die bedeutende tschechische Patriotin war im Grunde genommen heimatlos, ihre Heimat fand sie im Schreiben, in der Sprache. Man darf nicht vergessen, daß sie eigentlich in einer Fremdsprache oder besser in ihrer zweiten Sprache, der »Großmuttersprache«, zur größten Dichterin des Landes wurde. (»Heimat ist überall dort, wo Menschen mit derselben Sprache und denselben Sitten sind.«) Diese Leistung ist umso beachtlicher, wenn man bedenkt, daß sie nur sechs Jahre die Grundschule besuchte und sich den Rest ihrer umfassenden Kenntnisse autodidaktisch erwarb. Ihr Gefühl der Entwurzelung wurde bestimmt noch verstärkt durch ihre instabilen emotionalen Bindungen und das Wissen oder die Ahnung betreffend ihrer Herkunft; alles war letztlich ein Zufall, das Leben hätte auch völlig anders verlaufen können – wenn Dorothea ihr Kind zum Beispiel in Frankreich zur Welt gebracht hätte…

DIE GRÖSSTE ANTRIEBSKRAFT und die höchste Herausforderung in Boženas Leben war die Liebe, wobei die Entsagung und Selbstbeherrschung ihrer idyllischen literarischen Personen vielleicht in Zusammenhang stehen mit den persönlichen schmerzlichen Erfahrungen. In der Tat tritt die Liebe in ihrem Werk normalerweise als Erlöserin und Retterin des Menschen auf, man sehnt sich nach Liebe, man trauert einer verlorenen Liebe nach. Nur zwei der Weltschmerz-Romantik entstammende Frauenfiguren fallen der Leidenschaft zum Opfer, indem sie der dunklen Stimme ihrer erotischen Triebe folgen, die sie letztendlich in den Wahnsinn und den Tod treiben: die Kindsmörderin Viktorka aus der *Großmutter* und die von einem Adligen verführte und verlassene Hedwig aus der Erzählung *Schwestern*. Zweifellos ist die Verbindung von Erotik und Liebe für Němcová ein unlösbares Problem geblieben.

Nicht nur in ihrem Erzählwerk, auch in den Briefen läßt sich in den letzten Lebensjahren eine Abwendung von der Leidenschaft beobachten. Ob die Dichterin aber nicht mehr an die freie Liebe geglaubt, den Mut verloren hatte, oder ob es sich bei den Aussagen um Stilisierungen handelt, wird nicht mehr festzustellen sein: »In meiner Seele schlummert die Sehnsucht nach dem unendlich Schönen und dem unendlich Guten. Diese mit Liebe verbundene Sehnsucht, mit wahrer Liebe, nicht zu einer einzelnen Person, sondern zu jedem Menschen, zur ganzen Menschheit, diese Liebe, die kein Entgelt fordert, sondern alles in sich selbst findet, das Bestreben, noch besser zu werden und der Wahrheit noch näher zu kommen, das ist mein Paradies, meine Seligkeit, mein Ziel. Das gibt mir Kraft, das beglückt mich, und ohne diese Liebe, was wäre ich?«

Božena Němcová war sich bewußt, daß sie auf literarischem und volkskundlichem Gebiet achtenswerte Arbeit geleistet hatte; irgendwie war sie aber zu früh gekommen, um auch in ihrem persönlichen und emotionalen Leben Erfüllung zu finden: »Wer wünschte sich nicht, jung zu sein obwohl ich nicht weiß, ob ich dasselbe Leben nochmals erleben möchte – nein, wenn ich wählen könnte – ich wünschte mir, so in zweihundert Jahren nochmals geboren zu werden, oder noch später, denn ich weiß nicht, ob es bis zu dem Zeitpunkt eine Welt geben wird, in der ich mit Wonne leben wollte.«

NOCH SIND NICHT GANZ zweihundert Jahre vergangen (sie würde heute wohl kaum mit Wonne leben wollen), aber man kann sich durchaus die Frage nach dem Überleben ihres Werkes stellen. In ihrem Land ist es zweifellos gegenwärtig, obwohl es viel weniger gelesen wird als früher und als zugegeben, und vor allem SchriftstellerInnen es bewundern. Aber zumindest stehen die Märchensammlungen und *Die Großmutter* praktisch in jeder Familie im Bücherregal. Die vierzig Jahre kommunistischer Vereinnahmung haben aber Generationen von SchülerInnen die Schriften und ihre Autorin verleidet. Jenseits von Böhmens Grenzen konnte es schon gar nicht so weit kommen – die zahlreichen Übersetzungen dürfen nicht darüber hinwegtäuschen, daß Božena Němcovás Werk sich nicht wirklich durchsetzen konnte und fast überall nur einem kleinen Kreis von Bohemisten ein Begriff war. Nicht zuletzt bedeutete auch die »kleine« Sprache ein Handicap.

Eine Ausnahme bildet der deutsche Sprachraum, in dem *Die Großmutter* gleich in mehreren Übersetzungen vorliegt. Hier steht das Buch in einer Tradition, es paßt in den Kontext des Biedermeier und der Dorfprosa. Und man kann hier immer Kafka zitieren, um der Autorität der Schriftstellerin Nachdruck zu verleihen. In seinen Briefen und Tagebüchern äußerte er sich begeistert über *Die Großmutter*, die er seinen Schwestern empfahl, und über die Korrespondenz; er bewunderte Němcovás »Sprachmusik« und »Menschenkenntnis«.

Während viele weniger bekannte Schriftstellerinnen der Vergangenheit von der feministischen Literaturwissenschaft aus dem Schatten oder der Nacht des Vergessens hervorgeholt wurden, war dies bei der berühmten Böhmin scheinbar gar nicht notwendig. Dennoch wage ich die provozierende These, daß auch sie unbekannt oder zumindest stark verkannt ist. Sie wurde durch Hunderte und Aberhunderte von Artikeln und Abhandlungen pedantisch beinahe zu Tode interpretiert. Es gibt keine Bemerkung und keine Geste ihrer *Großmutter*-Figuren, die unkommentiert geblieben wären. Hingegen sind ihre Briefe nur in einer kleinen Auflage erschienen, auf die Tagebücher wartet man noch. Gerade sie sind aber heute noch lebendig, da sie einen Menschen in seiner ganzen Komplexität zeigen. Denn Božena Němcová war weder eine Märtyrerin der tschechischen Literatur noch eine Kämpferin für eine bessere Zukunft, und sie war auch nicht das wehrlose Opfer eines groben, despotischen Gatten. Sie war eine außerordentlich begabte Schriftstellerin und eine für ihre Umgebung ungewöhnliche Frau, die ihrer Epoche voraus war und letztlich an der Kurzsichtigkeit und Intoleranz ihrer Zeitgenossen scheiterte. Was mich an ihrem Schicksal besonders bewegt, ist nicht nur das mühevolle Leben, das sie trotzdem mutig und tapfer meisterte, sondern das Unrecht, das danach auch noch ihrem Werk angetan wurde. Das schlechte Gewissen der Gesellschaft hat ihr ein wundervolles Begräbnis beschert. Wann wird das schlechte Gewissen der Literaturgeschichte sich regen, um Božena Němcovás Werk von dem ihm aufgepfropften Ballast zu befreien und so zu würdigen, wie die Dichterin es seit jeher verdient hätte?

Gertrud Bäumer
Lou Andreas-Salomé

Lou Andreas-Salomé ist der Nachwelt weniger aufgrund ihrer Leistung als Journalistin, Schriftstellerin und Psychoanalytikerin, als vielmehr wegen ihrer Beziehungen zu drei Männern – Rilke, Nietzsche und Freud – in Erinnerung geblieben. Sie hat aber nicht nur bedeutende Arbeiten über alle drei verfaßt, sondern auch Einfluß auf ihr Leben und Denken genommen. Die Publizistin Gertrud Bäumer hat sie als einer der letzten 1936 besucht und von dieser Begegnung ausführlich berichtet.

»SCHARFSINNIG WIE EIN ADLER und mutig wie ein Löwe«, sagte Nietzsche entzückt und betroffen von dem jungen Mädchen, das ihm als Züricher Studentin der Religionsphilosophie begegnete, als er, fast vierzigjährig, einen jungen Helfer für seine Arbeit suchte. Alles an ihr mußte ihn erstaunen. Sie kam von den beiden Gegenpolen der Bürgerlichkeit, die er an Frauen gewohnt war. Die Tochter des russischen Generals hugenottischer Herkunft und einer deutschen Mutter, an weite Lebensformen gewöhnt – unangetastete reine, wilde Natur, klug und unbändig wie ein edles Tier, nicht umsonst kommen ihm die Vergleiche mit dem Adler und dem Löwen. Furchtlos und scheu zugleich, scheu aus Jugend gegen alles Zunahekommen, besessen von dem Hunger nach Geist, ohne dem ganz verschrieben zu sein, in allem Enthusiasmus dennoch im Grunde unlenkbar, ganz unbestechlich. Keine »hingebende« Frau; auch wo sie bewunderte und liebte, in jeder Faser unabhängig und in gewissem Sinne unnahbar.

Im Vorfrühling 1936, ein Jahr vor ihrem Tode, saß ich als ihr Gast in Göttingen der Fünfundsiebzigjährigen gegenüber. Und mußte immer denken: Wie unzerstörbar ist ihre Jugend! Sie war schon sehr herzleidend, sollte eigentlich liegen. Aber dann saß sie immer wieder auf dem Rand ihres Bettes, in einer wunderschönen, straffen Haltung, die schlanken Arme nach beiden Seiten hin auf das Holz gestützt; und der Kopf mit dem noch rötlichblond schimmernden vollen Haar, das aus der kräftigen Stirn einer knabenhaften Stirn zurückgestrichen halblang ihr Gesicht umrahmte, machte die Jahre vergessen. Ein unangreifbares ewiges Stück Natur scheint in ihr zu sein.

Sie sagte in den langen Gesprächen dieser Tage: »Es ist seltsam: immer wenn ich am festesten glaubte, das ganz Selbstverständliche und Natürliche zu tun, den geraden richtigen Weg zu gehen, habe ich die größten Katastrophen angerichtet. Wie kommt das nur?« Und sah einen dabei so ratlos fragend an wie ein ganz junger Mensch. Man kann, selbst durch die mehr als trübe Darstellung von Frau Förster-Nietzsche hindurch, ganz gut erkennen, warum Lou Salomé Nietzsche enttäuschte. Ja, das blühende einundzwanzigjährige Mädchen hatte – wohl ihr! – »jenes Lebensgefühl im Nichts«, das, was Nietzsche in seinem Abschiedsbrief an sie moralisierend »den Katzen-Ego-

Lou Andreas-Salomé

ismus« nennt, »nichts als das Leben wollend« – Dinge, »die
man hat«, meint Nietzsche, »um sie zu überwinden, um sich
zu überwinden«. Aber warum denn, hätte ihre Natur
erstaunt gefragt, dies selbstverständliche, natürliche »das
Leben wollen« überwinden? Man fühlt deutlich: Es ist diese
unbekümmerte kräftige Vitalität in ihr, die sich nicht vorzeitig an irgendeinen Pflug schirren lassen konnte, die ihn
– der zu solchem »Lebensgefühl im Nichts« nicht gesund
genug war – reizte und quälte. Sie besaß etwas von der
Naturkraft, die er später in der männlichen Gestalt der
»blonden Bestie« neidvoll feierte. Und manchmal hat man
geradezu den Eindruck, als wenn er dabei sie ins Männliche
übersetzte, denn in seinem Freundeskreis gab es keine
»blonden Bestien«.

Ebenso naturhaft wie ihre kühne Intelligenz und ihre
kraftvolle Lebenslust ist ihr Mitleid. Um die Fenster ihrer
Zimmer auf der waldigen Höhe, über die die Herzberger
Landstraße führt, hingen ungezählte kleine Behälter mit
Vogelfutter, von einem bunten Gewimmel von Meisen,
Finken, Rotkehlchen umflattert. Sie fragte mich auf die
kühne und sachliche Art, die jede Fremdheit und Zurück-
haltung einfach zerschnitt: »Haben Sie sich Kinder gewünscht?« »Ja«, sagte ich, »ich glaube, daß jede Frau sich
wünscht, Kinder zu haben.« »Ich nicht!« rief sie heftig, »wie
kann ich es verantworten, die Existenz eines Menschen zu
veranlassen, den vielleicht das größte Elend erwartet? Ich
kann ja nicht wissen, was ich ihm mitgebe. Ich zeichne da
für etwas, das ich nicht kenne.« Ich wandte ein, daß gewiß
alles Leben Wagnis sei. Aber es könne diesen Menschen
doch auch ebensogut ein wertvolles und großes Dasein
erwarten. »In diesem Europa?« sagte sie leidenschaftlich.

»Wo alles nur noch auf die ultima ratio herauskommt, einander umzubringen? Nein, ich will nichts dazu tun, daß dies weiter besteht! Europa hat verlernt, was der Osten noch kann: von einer anderen Wirklichkeit her zu leben. Europa hat keine Hintergründe und keine Tiefen mehr. Es ist im Grunde tot!«

ABER ICH MUSS WOHL den Anlaß eines Zusammenseins nennen, das so geradeswegs zu den letzten Fragen führte. Ich hatte Lou Andreas-Salomé bis dahin nur selten gesehen – vor Jahrzehnten in einem uns gemeinsam befreundeten Hause in München. Damals kam sie gerade von ihrer ersten Rußlandreise mit Rainer Maria Rilke zurück – strahlend von den Eindrücken, die sie empfangen hatte, und noch ganz von den Wogen ihrer Freude getragen. Ich war Studentin, froh, ihr zuhören und zusehen zu dürfen, und dachte gar nicht daran, ihr persönlich nahekommen zu wollen. Sie erinnerte sich auch dieser Begegnung nicht. Durch Jahrzehnte kannte ich sie nur aus dem, was sie schrieb. Zu meinem Buch *Der Beter Rainer Maria Rilke* bekam ich einen Brief von ihr – mit Bleistift und anscheinend im Liegen geschrieben: »Dieser Brief will nur danken. Ich bin glücklich, daß Ihr Werk mich noch erreichte. Dem Dank schloß sich sofort die Wunschvorstellung an, Ihnen auch persönlich noch begegnen zu dürfen. Ich bin aber zu alt und reiseunfähig, um mir Erwartungen in Zukünftiges auszuspinnen. Doch ich habe Sie gesehen wie Sie sind und nehme das tief und unabweislich dem Realen vorweg, wo es ungeschehen blieb.« Selbstverständlich bot ich ihr nach diesem Brief meinen Besuch an. Und so war ich zwei Tage ihr Gast.

Es ist nicht ganz leicht, ein solches Zusammensein, das zwischen zwei einander äußerlich ganz fremden Menschen dennoch so viel bedeuten soll, auszuschöpfen. Lou Andreas machte das Zueinanderkommen leicht durch ihre souveräne Art, ganz gerade auf das Wesentliche loszugehen und vollkommen rückhaltlos ohne persönliche Reserven über dies Wesentliche zu sprechen. Aber wer nach Herkunft und Werden sehr stark im Historischen gebunden ist, muß sich erst hineinfinden in ihre voraussetzungslose Sicht von Menschen und Dingen. Ich habe den Eindruck, als ob dieser Wille, die Dunkelheiten der Natur um jeden Preis zu durchdringen, sie zur Psychoanalyse getrieben habe. Sie wollte in der Helligkeit der Wahrheit leben und frei sein von erleichternden Illusionen und Selbsttäuschungen. Das kann nur der, dessen Natur stark ist und keines Schutzes bedarf. Sie erzählte mir, daß zu Beginn des Studiums der Psychoanalyse man diese Prozedur an sich selbst machen muß. »Da kommen erstaunliche Dinge heraus«, sagte sie. Als aber ihr Lehrer sie fragte: »Was machen Sie nun mit dem, was Sie über sich wissen?« da sagte sie – und man hört ihr unbekümmertes Lachen –: »Das vergesse ich wieder«. Und mir schien eine Geschichte damit zusammen zu stimmen, die sie mir aus ihrer Kindheit erzählte. Sie besuchte vom Landsitz ihrer Eltern die Schule in der Stadt und kam immer erst abends zurück. Als sie eines Morgens wegging, biß ihr Hund sie in die Hand. Sie wickelte einen Lappen um die Wunde und ging zur Schule. Als sie abends zurückkam, fand sie das Haus in großer Aufregung und ein Kindermädchen schluchzend. Sie war auch gebissen worden, und der Hund war toll. Es wurde ihr erzählt, was das bedeutete: Dann wird man wahrscheinlich auch toll und

muß eingesperrt werden, damit man nicht andere beißt und
ansteckt. Sie beschloß gleich, nicht zu sagen, daß sie auch
gebissen worden war, denn wenn ich dann ungezogen bin,
dachte sie, meint man gleich, ich wäre toll, und sperrt mich
ein. Und sie verschwieg es und vergaß es bald. Dann wurde
später das Mädchen entlassen, weil man es nicht mehr be-
nötigte. Das Kind hörte den Hausarzt die Mutter fragen, ob
sie den Biß (der nur nach den früheren Methoden behandelt worden war) im Zeugnis des Mädchens angegeben
habe. Die Mutter sagte: Natürlich nicht, denn damit bekommt sie ja schwer eine Stelle wieder, und der Hausarzt
meinte, daß sie zu einem Vermerk verpflichtet sei, weil ja
noch für Jahre die Gefahr des Ausbruchs bestehe. Das
Kind, wieder an die Sache erinnert, erschrak ein bißchen.
Man hatte ihm erzählt, wenn man toll ist, beißt man zuerst
die Menschen, die man am liebsten hat, und sie dachte
erschrocken: Dann werde ich meinen Vater beißen. Aber
sie glaubte nicht recht daran, daß der General es dazu kommen lassen würde, und so vergaß sie die ganze Sache rasch
noch einmal wieder. Sie trug ihre Unangreifbarkeit auch
wissend. Das machte sie so furchtlos.

Als wir in dem noch winterlichen Wald – es schneite ein
wenig – zusammen spazieren gingen, sprach sie von den
Jahreszeiten des Lebens. Sie habe so sehr auf das Alter
gewartet, erzählte sie. Das Alter müsse man doch erleben,
es sei doch eine Lebensphase, die einem etwas Eigenes zu
geben habe; man wolle doch nicht darum kommen. Aber es
hätte nicht kommen wollen. Sie sei immer noch jung
geblieben, immer noch sei etwas Neues dazu gekommen,
das ihr Herz erfüllt habe. Wunderschön sei es gewesen, aber
sie habe doch immer fragen müssen: Wann kommt eigent-

lich die Zeit, wo man alles übersieht, was man gehabt hat? Endlich sei sie ja gekommen. Das sei gut.

ES WAR SELBSTVERSTÄNDLICH, daß wir viel über Rainer Maria Rilke sprachen. Sie fand es so unglaubhaft und widersinnig, daß wir – etwa der gleichen Generation angehörend – einander im Leben auch nur flüchtig begegnet seien. Ich habe einen seiner Vorträge über pädagogische Fragen gehört. Das bekümmerte sie noch mehr. Seine Vorträge seien ihr schwer erträglich gewesen, weil man durch sie notwendig ein falsches Bild von ihm bekommen habe. Er sei da der Leichtigkeit, ja, der Bequemlichkeit des Wortes erlegen und habe selbst seine eigene Tiefe verdeckt. Ich habe nicht das Recht, hier Mitteilungen anzudeuten, die, über ihr Gedächtnisbuch hinausführend, in einem posthumen Buch der Öffentlichkeit von ihr selbst gegeben werden sollten. Aber auch das Gedächtnisbuch läßt erkennen, daß Rilke ihr in der doppelten Form, als Person und als Künstler, nahe wurde und daß dies so geschah, daß sie den Menschen eher als den Dichter liebte. Ihre Verbundenheit mit Rilke hat erkennbar zwei Phasen gehabt: die erste, in der seine Kunst noch kaum etwas von der Tiefe des Stundenbuchs und vor allem: von der heroischen Größe der *Duineser Elegien* erkennen ließ. Es hat mich keinen Augenblick erstaunt, daß sie mir sagte, sie habe Rilkes Gedichte in der ersten Zeit ihrer Freundschaft (von 1898 ab) nicht gemocht. Wenn man die manchmal anmutige, manchmal rührende Zartheit (und doch auch Schwäche!) der frühen Gedichte mit ihrem Bilde zusammenhält, der Dreißigerin mit dem kühnen naturhaften und denkerischen Temperament, so ist ohne weiteres klar, daß sie diese Gedichte ungeduldig machten: diese Mädchenlieder, deren idealer Gegenstand ihr mindestens vollkommen langweilig, wenn nicht einfach zuwider gewesen wäre, ebenso wie die jünglinghaften Melancholien und Selbstbespiegelungen, deren vorzeitige Veröffentlichung später Stefan George im vollen Einverständnis mit Rilke selbst tadelte. Aber sie fühlte sofort in dem noch nicht in seine Maße hineingewachsenen Menschen das Mehr, das im Werk noch nicht aufgeblüht war. Und es kam dann die Stunde, da er sie von seinem Werk her noch einmal ergriff und eroberte und sie Freunde wurden im großen Raum seiner Schöpfung.

Das letzte Wort darüber wird sie selbst noch sprechen. Von ihrem Briefwechsel, ich sagte es schon, ist nur wenig veröffentlicht – es bezieht sich fast ausschließlich auf das Werk, nicht auf Persönliches. Aber was aus seinen Briefen wie aus ihrem Buch deutlich wird, zeigt, wie sie dem immer Einsameren bis zuletzt der wichtigste Weggenosse seines künstlerischen Schaffens war. Der Austausch der beiden über die *Duineser Elegien* – das ist, als wenn hoch über menschenwimmelnden Malern zwei Einsame, »ausgesetzt auf den Bergen des Herzens«, über weite Räume einander zurufen. Von den bedeutenden Frauen, die etwa um die Mitte ihres Lebens über die Schwelle des 20. Jahrhunderts schritten, ist Lou Andreas-Salomé die eigenwüchsigste und merkwürdigste. Einundzwanzig Jahre alt, war sie dem Leben Nietzsches in einer persönlichgeistigen Weise verbunden, die der Öffentlichkeit verhüllt blieb. Eine 1885 erschienene Dichtung *Im Kampf um Gott* ist ein indirektes, eine 1894 erscheinende wissenschaftliche Studie *Friedrich Nietzsche in seinen Werken* ein unmittelbares Zeugnis dieser Zeit. 1887 heiratete sie den fünfzehn Jahre älteren Orientalisten Andreas, der persisch-englischer Abstammung war, und ihr Name verschwand aus dem Bewußtsein der Menschen, bis er wieder erschien mit einigen Novellen und Romanen und wieder für mehr als ein Jahrzehnt verschwand. Und während ihr bedeutendes Buch über Nietzsche in der Wissenschaft übergangen und vom Publikum vergessen wurde, wußten wenige von ihrer Freundschaft mit Rainer Maria Rilke und von ihren psychoanalytischen Studien. Während dieser Zeit schrieb sie Manuskripte, die sie in ihrem Banksafe aufhob. Von 1917 an erschienen wieder Erzählungen, nicht in der Folge ihrer Entstehung, merkwürdiger als die früheren, wenn auch ihnen verwandt, erkennbar psychoanalytisch bestrahlt. Dann – 1928 – das Buch über Rainer Maria Rilke, das, als Gegenbild zu seinen Briefen, ihre vom Jahrhundertbeginn bis zu des Dichters Tode während Verbundenheit mit ihm erhellte. Und wenige Menschen wußten, daß sie die psychoanalytische Heilpraxis als Beruf ausübte.

Aus diesem Wechsel von Sichtbar- und Unsichtbarwerden, dem Unerwarteten und überraschenden der Werke, die aus dem Schweigen hervorbrachen, durch den Schleier, der bedeutende und sehr nahe Freundschaften umhüllte, entstand das ungewisse Bild eines sehr unabhängigen, seltenen und unvergleichbaren Menschen.

SIE IST 1861 IN PETERSBURG geboren, Tochter eines Generals in russischen Diensten, aber aus hugenottischer Familie, und einer deutschen Mutter. Lebensform und Atmosphäre ihrer Jugend werden sehr lebendig in ihren

ersten Erzählungen. Der weiträumige Haushalt, wechselnd
zwischen Stadt und Land. Die Stadtwohnung in einer der
langen, schnurgeraden, winterweißen, lichtlosen Peters-
burger Straßen – im Hof die Wagenremisen und Pferde-
ställe –, die großen Räume, der Saal weiß tapeziert, mit dem
Bechsteinflügel und bronzebraunen Samtsofas und Stüh-
len, für Feste bestimmt, das lange Eßzimmer mit dem
Ausziehtisch, auf dessen Einlegeplatten – aber beileibe
nicht auf den polierten Hälften – die Kinder ihre Bauern-
höfe und ihre Soldaten aufbauen durften, der Diener mit
seinen weißen Handschuhen, die russische Kinderfrau im
geblümten Kleide, so kindlichen Gemütes selbst, daß sie
den Kindern vertrautester Gefährte sein kann, die französische Gouvernante. In einer klaren Ordnung geborgen,
von beherrschter Güte behütet, von der sich selbst so unbe-
fangen sicher fühlenden Hand einer Elterngeneration geführt, die in vornehmer und bewälnter Tradition verwurzelt war, nicht nur der äußeren Formen, sondern der Sinn-
gebung: einem weder erkämpften, noch überbetonten,
noch bezweifelten Christentum.
Auf diesem Hintergrunde und in dieser von der Rücksicht
feinfühliger Menschen harmonisch gestimmten Familien-
gemeinschaft erscheint das blonde kleine Mädchen mit
dem übergrazilen Wuchs und den schmalen Hüften, dem
lose herabhängenden Haar, das ein »Krummkamm« von
der hohen, gewölbten Stirn und den zarten Schläfen allzu
straff zurückhält. Wenn sie selbst von ihrer Jugend erzählte, konnte kein Zweifel sein, daß die *Erzählungen aus dem
Zwischenlande* Wahrheit und Dichtung ihrer eigenen Jugend sind, geschaut mit dem von sich selbst gelösten
Interesse des psychologischen Forschers.

Friedrich Nietzsche hat seinem Freunde Overbeck erzählt, daß, ausgehend vom religiösen Erlebnis ihrer eigenen Konfirmation, Lou Salomé mit ihm vor allem über das Religiöse gesprochen habe und daß dies eigentlich das einzige Thema zwischen ihnen gewesen sei. Lou Andreas erzählte mir, daß zu ihrer unendlichen Erleichterung durch einen äußeren Zufall – einen Aufenthaltswechsel ihrer Eltern – es ihr erspart geblieben wäre, in der üblichen und hergebrachten Form konfirmiert zu werden. Sie hat aber später durch einen ihr persönlich vertrauten Pfarrer in einer anscheinend sehr persönlichen Form die Konfirmation nachgeholt, und dies wird das »religiöse Erlebnis« sein, von dem zwischen ihr und Nietzsche die Rede war.

Sie beschließt, Theologie zu studieren, und das heißt, sie macht sich selbst auf den Weg zu einem Ziel, das ihr als solches gewiß ist, von dem ihr aber die Überlieferung kein überzeugendes Bild zeigt. Ihre Familie legt ihr nichts in den Weg; man muß wohl sagen: Ihr Vater gibt ihr die Freiheit der Entwicklung. So geht sie nach Zürich. Eine Erkrankung zwingt sie, das Studium abzubrechen. Dennoch hat es ihr die Richtung gegeben: von der christlichen Theologie rückwärts zur Religionsphilosophie und -psychologie. In Rom lernt Malwida von Meysenbug das zwanzigjährige Mädchen kennen, das, ebenso auffallend durch ihre Erscheinung, ihre sprühende Lebenskraft wie durch ihre eigentümliche und glänzende Begabung, der mütterlichen Betreuerin ihres weitgezogenen Freundeskreises als der geborene und vorherbestimmte Jünger erscheint, den sich Nietzsche wünschte. So vermittelte sie die Begegnung. Im Frühjahr 1882 sahen sie sich zum erstenmal in der Peterskirche in Rom. Nietzsche hatte seine Basler Professur aufgegeben und führ-

te seitdem ein Wanderleben als Hotelgast, während seine
Gedanken, zum erstenmal fessellos, in jene Zone schweif-
ten, die er selbst mit Grauen und Entsetzen betrat und die
sich dann in der Fröhlichen Wissenschaft vor dem Leser
auftat: die Wiederkunft als »die extremste Form des
Nihilismus«. Die geistige Zündung zwischen dem achtund-
dreißigjährigen Mann, dessen prometheischer Geist nach
unerkannten Feuerbränden griff, und dem jungen Mädchen, dessen Wahrheitsdrang kein Gedanke zu kühn und
kein Weg zu gefährlich war, erfolgte schnell. Sechs Monate
hindurch, vom Mai bis zum November 1882, stand Friedrich Nietzsche im Zeichen des »Lou-Erlebnisses«, wie seine
Biographen sich ausdrücken. Wir wissen bis jetzt nicht alles
über dieses Erlebnis insbesondere nicht über die Ursachen
des Bruchs. Durch Jahrzehnte hindurch ist das Bild dieser
Freundschaft verdunkelt worden durch die mit bösen Es-
senzen getrübte Darstellung von Elisabeth Förster-Nietzsche. Es war sehr wahrscheinlich – die Voraussetzungen
dazu sind auf beiden Seiten durchaus gegeben –, daß diese
Freundschaft zerbrechen mußte. Aber sie liegen in einer
sehr anderen Ebene als wo eine leider sehr weibliche Art
eifersüchtiger Gehässigkeit sie suchte. Es ist deshalb ganz
selbstverständlich, daß Lou Andreas-Salomé dieser Darstellung nur konsequentes Schweigen entgegensetzte. Wie
hätte sie auf diesem Niveau über ihre Freundschaft mit
Nietzsche sprechen können! Neue Dokumente aus dem
Nietzsche-Archiv werden ohne Zweifel dieses Bild reinigen.
Aber es gibt schließlich auch, vor allem durch das Buch von
Bernoulli: *Nietzsche und Franz Overbeck,* und durch das
Buch von Lou selbst, genug Erkennbares, um die wesentli-
chen Züge deutlich zu machen.

SIE HAT IHN mit ihrer jugendlichen Unbekümmertheit aus sich selbst herausgeholt, hinter den Maskierungen hervor, mit denen er sich gegen die Außenwelt schützte; sie machte ihn natürlicher, mitteilsamer, unbefangener. Er konnte über sich lachen, nicht in der bittren und diabolischen Weise seiner dunklen Zeiten, sondern gelöst. Er vergaß, was ihm sonst dunkel gegenwärtig war, die Bedrohung, unter der sein Leben stand, und glaubte an seine Gesundheit als an einen Sieg, den seine Kraft davongetragen hatte. Aber dieses Glück glich einer Kugel, die auf der springenden Wassersäule tanzt – ein Augenblick des Aussetzens der tragenden Kraft, und sie zerbricht im Sturz. Und wie labil war diese Kraft bei einem Menschen, der von Natur und durch Krankheit überempfindsam war, dem sich in der Vereinsamung das innere Erlebnis ins Ungemessene gesteigert hatte und der durch die Spannung zwischen unerhörten Leiden und dem unerhörten Wagnis der geistigen Selbstüberwindung dauernd in Exaltationen lebte, die er nach außen verbarg.

Lou Salomé erzählt später, wie er ihr zum erstenmal von dem Gedanken der ewigen Wiederkehr sprach: »Unvergeßlich sind mir die Stunden, in denen er ihn mir zuerst als ein Geheimnis, als etwas, vor dessen Bewahrheitung und Bestätigung ihm unsagbar graute, anvertraut hat: Nur mit leiser Stimme und mit allen Zeichen tiefsten Entsetzens sprach er davon. Und er litt in der Tat so tief am Leben, daß die Gewißheit der ewigen Lebenswiederkehr für ihn etwas Grauenvolles haben mußte.«

Nietzsche hat später »die Enttäuschung, daß Lou sich ihm nicht geistig zu verbinden gewußt hat, als die größte seines Lebens« bezeichnet, aber zugleich anerkannt, daß »der Umgang mit ihr ihm eine unglaubliche Wohltat gewesen sei, durch die er erst reif geworden sei für seinen *Zarathustra*. Und auch diesmal meint er nicht nur die Förderung durch einen Geist, der wie kein anderer »vorbereitet für seine Art von Problemen« war, sondern die Reife durch Glück und Schmerz einer unvollendeten Liebe. Aus einem prometheischen Trotz gegen das Schicksal nannte er den Zarathustra »meinen Sohn Zarathustra«.

Es mag dahingestellt sein, wie weit Lou Salomé damals schon mehr war als das »Geschwistergehirn«, das die Gedanken Nietzsches mitdachte. Aber es ist wahrscheinlich, daß sie Nietzsche auch aus dem rein geistigwissenschaftlichen Motiv verließ, sich erst selbst eine klare Stellung zu seiner Philosophie zu erarbeiten, ehe sie in eine Aufgabe eintrat, die, das spürte sie wohl erst jetzt, dafür keinen Raum mehr ließ. Sie hat nach dem Bruch geschwiegen, um erst, als das Lebenswerk Nietzsches übersehbar war, mit einem Buch herauszukommen, das sie – aber in vollster Selbständigkeit des Urteils – nun vor aller Welt in Deutung und Kritik als eine ebenbürtige Interpretin Nietzsches erwies. Das zeitgenössische Echo dieses Buches zeigte, in welchem Maße selbst hochstehende Menschen durch eine mit Energie, Skrupellosigkeit und Zähigkeit verbreitete Betrachtungsweise beeinflußt werden können. Heute wird erkannt, was damals Nietzsche selbst dem Entwurf bestätigte: Sie hat gegenüber allen breiten Darstellungen die Stelle gepackt, von der aus allein sich Wesen, Zusammenhang und Wandlungen dieser Philosophie enthüllen. Aber die erste Form, in der Lou Salomé, noch ehe sie (1887) den Orientalisten Andreas heiratete, das Nietzscheerlebnis auffing, war der Roman *Im Kampf um Gott*, der 1885 erschien.

Am Anfang ihres Buches über Rainer Maria Rilke, zwei
Jahre nach seinem Tode 1928 erschienen, sagte Lou Andreas, daß Nachtrauer eine Unablässigkeit des Verkehrs mit
dem Entschwundenen sei, als nähere er sich: »Denn durch
den Tod geschieht nicht bloß ein Unsichtbarwerden, sondern auch ein Insichtbarkeittreten«. Als wir uns an jenem
Vorfrühlingsabend 1936 in ihrem Zimmer zu einem langen
Gespräch hinsetzten, war der Stuhl, auf dem Rainer Maria
Rilke immer gesessen hatte, gleichsam in den Ring einbe-
zogen, und sie, die es seltsam fand, daß wir einander nie
wirklich begegnet waren, schloß ihn in einer mich sehr
eigentümlich und fast mystisch berührenden Weise in das
Gespräch ein, so daß ich mich ganz unwillkürlich bei allem,
was ich sagte, fragte, ob dies und ob es so in seiner Gegenwart gesagt werden dürfe.

Natalie Clifford Barney

Gertrude Stein

Gertrude Stein war eine der ersten »Amerikanerinnen in Paris« und als Kunstsammlerin und Gastgeberin eine Institution von weitreichender kunst- und literaturgeschichtlicher Bedeutung. Ihr eigenes, sehr umfangreiches schriftstellerisches Œuvre galt dagegen lange Zeit als zweitrangig und kaum verständlich; erst im Zeichen der Postmoderne erfuhr es eine Neueinschätzung. Die Millionärin Natalie Clifford Barney, ebenfalls gebürtige Amerikanerin führte zwischen 1909 und 1968 einen literarischen Salon in Paris, der vor allem in den 20er und 30er Jahren zu den berühmtesten Europas gehörte.

WENN ICH DIE ERINNERUNG an eine Schriftstellerin wachrufe, deren Kameradschaft mich bezauberte und mir teuer bleibt, wie sollte ich da nicht als erstes auf ihre magnetische Persönlichkeit hinweisen, auf die Anziehungskraft, die sie ausübte und der so viele nachgaben. Sie zog nicht nur Schriftsteller an, sondern auch Maler, Musiker und – dies war nicht der geringste ihrer Einflüsse – Schüler. Sie pflegte gern zu sagen: »Es langweilt mich nicht, mich mit irgend jemandem zumindest einmal zu treffen.« Aber selten hielt sie sich an eine so strenge Regel.

Obschon sie gewohnt war, sich durchzusetzen, verstand sie es, intensiv und verständnisvoll zuzuhören.

»Das Leben ist, was uns die anderen verleiden«, sagte eine Freundin, die außergewöhnlich schön war und aus Fatalismus heraus zu einem Wrack verkam. Wie viele dieser vergeudeten Existenzen kamen zu Gertrude mit dem Bericht ihrer Mißgeschicke, die irgendeiner ausweglosen Situation, irgendeiner sentimentalen Routine zuzuschreiben waren. Anstatt ihnen oberflächliche Sympathie zu bezeugen, half sie ihnen aus der Verstrickung, indem sie an die Stelle einer Obsession oder Zwangsvorstellung einen Aufbruch in eine neue Richtung setzte.

Sie war eine Schülerin von William James, und ihre Kenntnis der menschlichen Reaktionsweisen erwies sich angesichts dieser Existenzvergeudung als wirkungsvoll; bei manchen entdeckte sie eine Begabung zur Heuchelei, welche jene dann, auf ihr Drängen hin, bisweilen eingestanden. Oder sie zeigte ihnen einen Weg auf, ihre Opfer loszuwerden, war sie doch der Ansicht – ganz wie Henry James, wenn ich mich nicht täusche –, daß es nichts Schlimmeres gebe als einen Tyrannen, es sei denn das Opfer des Tyrannen.

Da die »Fälle« an sich sie noch stärker interessierten als deren Heilung, bediente sie sich vieler ihrer Gesprächspartner für ihre Stücke oder Novellen. Einige von ihnen könnten sich gar in ihren Werken wiedererkennen, wenn sie ausreichend im Blinde-Kuh-Spiel bewandert sind. In diesem Fall trüge dann der Leser die Binde.

Sie veröffentlichte auch Werke von durchdringender Scharfsicht, geschrieben mit beißender Feder, wie etwa *Les choses telles qu'elles sont*, die von einer subtilen Psychologie zeugen.

Getrude Stein

Auch mir konnte es passieren, daß ich einige meiner Probleme dem entgegenkommenden und klugen Ohr Gertrudes anvertraute, und es gehört gewiß nicht zu meinen Gewohnheiten, andere deswegen zu konsultieren. Im Handumdrehen und mit einem einzigen Wort – demjenigen der »Blutsverwandtschaft« – legte sie die Quelle des Übels frei.

Nie schien sie zu zögern, zu überlegen oder ein Ziel anzuvisieren, aber unweigerlich traf sie ins Schwarze.

OFT GINGEN WIR ABENDS zusammen spazieren. Die solide Präsenz Gertrudes empfing mich in der Rue Christine, an der Tür des Hauses No. 5, der angenehme Kontakt ihrer Haut, ihre wohlmodulierte Stimme, immer bereit zum erstickten Glucksen eines Lachens.

Unsere Gespräche und Gänge entfernten uns weit von den ausgetretenen Pfaden, denn da wir keine Axt zu schärfen hatten, um wen auch immer aus dem Wege zu räumen, fühlten wir uns frei, in unserem ruhigen alten Viertel herumzustreunen. Während wir den Pudel »Basket« ausführten, traten unsere Gedanken wie auch unsere Schritte auf natürlichste Weise in Einklang. Basket lief vor uns her, ein weißer Fleck, ein Geisterhund, entlang der abgelegenen, in Mondlicht getauchten Straßen.

> Ruelles dont l'ombre s'empare
> Silence où notre pas effare
> Le jeu des amants qu'il sépare*

---

*Gassen von Schatten ergriffen/Schweigen, in dem unser Schritt/das Spiel der Geliebten, sie trennend, erschreckt.

Der Zauber der Nacht machte unsere Gespräche ebenso leicht, hüpfend und schillernd wie Seifenblasen; aber ebenso schnell waren sie bei der leisesten Berührung verflogen. Deshalb werde ich auch keine von ihnen hier streifen.

Ich bin Getrude Stein ebenfalls in New York, im Verlauf des für sie ruhmreichen Winters 1934–35 begegnet, und wir sind an einem dieser wie ein Diamant erstrahlenden Tage, an denen noch die geringste Bewegung Funken stieben läßt, umhergeschlendert.

Ich beobachtete ängstlich, mit welcher Unabhängigkeit, ohne die geringste Besorgnis, Getrude die Straßen überquerte, und ich fragte sie, warum sie am Rande des Gehsteigs nie zögere, wo ich selbst doch den Fuß vorsetzte, zurücknahm, nach einer günstigen Gelegenheit Ausschau hielt. »Alle diese Leute«, sagte sie, »die liebenswerten Taxifahrer inbegriffen, erkennen mich und geben auf mich acht.« Gesagt, getan: Sie segelte davon, ihr langer Rock gebläht wie die Segel von einer Meeresbrise, und legte auf der anderen Seite der 59. Straße, im Park, mit ebenso großem Vertrauen an wie die Kinder Israels bei der Durchquerung des Roten Meeres, wohingegen ich zu spät in ihr Kielwasser glitt und fast verschlungen worden wäre.

Sie nahm ihre Berühmtheit wie einen spät eingetroffenen, jedoch mehr als verdienten Tribut entgegen, und sie schätzte diese Berühmtheit überaus. Nur ein einziges Mal, in Paris (im übrigen das letzte Mal, daß ich sie sah), war sie verstimmt darüber, daß ein Photograph sie erkannt hatte, denn er versperrte ihr den Weg, als sie bei Rumpelmeyer eintreten wollte.

Um ihr Verlangen nach Patisserien und das Ersuchen des Photographen in Einklang bringen zu können, ließ sie sich,

Kuchen essend, durch die Scheibe hindurch photographieren. Ihre Ungeduld hatte ihren Grund vor allem in einem enttäuschenden Diner, das wir gerade bei Prunier über uns hatten ergehen lassen: Sämtliche Fischsorten, die wir mit einem Appetit bestellt hatten, der durch die im Kriege erlittenen Entbehrungen und die weiterhin geltenden Einschränkungen noch gesteigert war, hatte man uns dort verweigert. Bis Gertrude schließlich (dies spielte sich im Jahr 1946 ab), alle Hoffnung auf eine bessere Welt fahren lassend, den Kopf zwischen beide Hände nahm und ihn in dieser Stellung hin und her schaukelte. Erst als wir zu dieser Patisserie in der Rue de Rivoli kamen und angesichts dieser teilweisen Entschädigung, belebten sich ihre Stimmung und ihr Appetit wieder.

Neue Kuchensorten zu entdecken, war in Zeiten des Friedens immer eine der Hauptbeschäftigungen von Gertrude und Alice gewesen. Als ich ihnen einmal zufällig in Aix-les-Bains begegnete, fragte ich sie, was in aller Welt sie ans Ufer des Lac du Bourget geführt habe, und erfuhr, daß in einem der umliegenden Bergdörfer eine neue Kuchengattung gesichtet worden sei. Doch da sie vorher noch andere Einkäufe tätigen mußten, stiegen sie vom erhöhten Sitz ihres alten Ford herab, Alice mit Schmuck behängt wie ein Götterbild, und Gertrude, die gleichfalls aussah wie eine indische Gottheit. Als sie um eine Ecke herum verschwanden, nicht ohne vorher für überraschte Blicke gesorgt zu haben, kaufte ich als einzige Opfergabe, die mir ihrer würdig erschien, eine jener dunkelroten, langstieligen Seerosen, die aussehen, als seien sie aus Kautschuk gemacht; ich steckte sie zwischen die Speichen des Steuerrads mit den erläuternden Worten: »Ein Zauberstab, der euch führen wird.«

Eine andere Begegnung mit diesem unzertrennlichen Paar fand an einem Sommernachmittag in ihrem Pfarrgarten in Béliguin statt. Die Szene erinnerte mich ein wenig an das Titelblatt, das Cecil Beaton für Gertrude Steins Buch *Les Guerres que j'ai vues* gezeichnet hatte, nur daß hier ein weitgespannter Sonnenschirm die Fallschirme ersetzte und wir friedlich in Lehnstühlen aus grell gestreiftem Stoff saßen. Wir bildeten eine Vierergruppe, denn Romaine Brooks begleitete mich, hinzu kam noch Basket, dessen kreisförmige Freuden- und Luftsprünge an eine Zirkusnummer erinnerten.

Zum Chinatee, den man uns brachte, wartete Alice mit einem unglaublichen Kokosnußkuchen eigener Herstellung auf, wie ihn nur Amerikaner zu backen wissen. Mit weißem Zuckerguß überzogen und gesäumt von rosa Zuckerguß, paßte er zum weißen Fell Baskets und en passant auch noch zu seinen rosa Flecken. Gertrude saß in der Haltung, wie man sie vom Portrait Picassos her kennt; mit den rauhen Stoffen, den Mocassins und den gespreizten Beinen sah sie aus wie ein Indianerhäuptling in seinem Zelt, ganz wie in jenen lange zurückliegenden Tagen, als ich in Bar Harbor lebte.

Währenddessen hatte Romaine unsere Gruppe beobachtet und sie des Malens für würdig befunden, und sie sprach den Wunsch aus, das Bild augenblicklich zu beginnen, bevor das Licht und ihre Inspiration abnähmen. Doch ich bildete an diesem Nachmittag das verstimmende Element dieser Versammlung, mein Zeitempfinden und die Verpflichtung, die ich anderswo eingegangen war, veranlaßten mich zu verkünden, daß man Romaine und mich erwarte. So kam es, daß dieses Gemälde nie zur Ausführung gelangte. *Mea culpa.*

DIE FEINE NASE VON GERTRUDE und Alice für Patisserien nötigt mich zu folgendem Schluß: Während die Dichter auf Dachböden oder, wie in Frankreich, in den Dienstmädchenzimmern am Verhungern sind, gestärkt nur von ihren Erinnerungen und der Hoffnung auf eine bessere Zukunft, wußte eine Autorin wie Gertrude, die einzig die »fortwährende Gegenwart« zuließ, sich von greifbaren Annehmlichkeiten und dem Ruhm des Augenblicks zu nähren – was die zuverlässigste Art und Weise ist, den Kuchen zu verzehren, und ihn dennoch zu behalten.

Niemals hat ihr Selbstvertrauen sie verlassen. Schon als Kind stritt sie sich mit ihrem Bruder Leo darum, wer von beiden das Familiengenie werden würde. Leo glaubte sich prädestiniert dafür; doch Gertrude verkündete den beiden Besucherinnen, welche an jenem Tag zufälligerweise Madame de Clermont-Tonnerre und ich selbst waren, voller Nachdruck: »Wie Sie sehen, das Genie war ich.«

In Wahrheit übersteigt eine solche Gewißheit die Verstandeskraft; doch was für eine armselige Angelegenheit ist der Verstand angesichts einer solchen Gewißheit.

Und da der Glaube überschwenglicher ist als die Vernunft, beklagte sie eines Tages zu Recht, daß Ezra Pound zum »Besserwisser vom Dienst« geworden sei. Dies erklärt auch, warum ein so großer Dichter und Entdecker von Dichtern in der Sackgasse gelandet ist, in der er sich heute befindet. Als Gertrude Stein sich auf der höchsten Welle ihres Erfolgs befand, überredete Harold Acton sie dazu, an der University of Oxford eine Vorlesung vor Studenten zu halten. Es gelang ihr, die Zuhörer zu faszinieren, ohne das geringste Zugeständnis an deren Fassungskraft. Ihr Vortrag glitt über die Studenten hinweg. Diese wurden sich bewußt, daß

sie hier etwas überragte, das weder ihre Heiterkeit entfes-
seln noch ihre Urteilskraft anregen konnte. So blieb ihnen
nichts weiter, als rasend zu applaudieren. Im Anschluß an
die Vorlesung ließ Gertrude sich auf das Niveau der
Studenten ein, und es kam zu Fragen und Antworten, die
zugleich inspirierend und inspiriert waren.

Ihr Sinn für Demokratie machte sie bei unseren GI's
während des zweiten Weltkriegs beliebt. Auch sie entdeck-
ten, wenn sie unter ihnen weilte, etwas Einzigartiges an ihr.
So führte sie sie wie eine Marketenderin des Geistes vom
Krieg zum Frieden, indem sie ihnen half, ihre Existenz
nicht mehr als eine kollektive, sondern als eine individuelle aufzufassen. In bestimmten Fällen erwies sich dieser
Wandel als schwierig, denn es widerstrebte ihnen, sich »von
den andern getrennt« zu sehen, »nicht mehr als Gruppe
zusammenzukommen, nicht mehr dazuzugehören« etc.
Dies bekam ich auch von einem kräftigen GI in Florenz zu
hören, der mir anvertraute, daß sein Drang, sich den
Kameraden anzuschließen, so stark sei, daß er nicht einmal
mehr die Zeit zum Zähneputzen fände. Dieser Bruch mit
dem Herdeninstinkt, um wieder man selbst zu werden, und,
statt einer Kompanie, vielleicht nichts mehr zu sein, dieser
Zwang, nur mehr auf sich selbst zu zählen, statt sich auf den
kommandierenden Vorgesetzten zu verlassen (für alles war
gesorgt, den Tod inbegriffen), diese Anstrengung, die
Uniform abzulegen, welche sie uniformiert hatte, war mehr,
als viele von ihnen vertragen konnten.

Und warum hätten sie auch keine Sehnsucht nach dem
Regiment haben sollen, wenn sie bei ihrer Heimkehr das
Risiko eingingen, der eigenen Familie zur Last zu fallen
oder eine Beute feindseliger Geschäftsleute zu werden? In

solchen Augenblicken ermutigte Gertrude sie und bot ihnen
mit neuem Leben erfüllende Perspektiven.

Es muß in jener Zeit gewesen sein, daß man sie vor der
amerikanischen Flagge photographierte.

So patriotisch Getrude Stein sich auch zeigte, so würde sie
doch unserem betrüblichen nationalen Wahlspruch wider-
sprechen, der besagt: »Ein Mann ist so gut wie der andere.«
Im übrigen hat nie jemand gewagt, dies von einer amerikanischen Frau zu sagen.

Aus ihrer Studie *Making of Americans* habe ich die wichtigsten Sätze, die den Fortschritt in der Kunst, uns vonein-
ander zu unterscheiden, betreffen, ins Französische übersetzt. Diese Seiten wurden in der Zeit zwischen den beiden
Kriegen in meinem Salon vorgetragen, im Verlauf von
Zusammenkünften, die ein besseres gegenseitiges Verständnis unter amerikanischen, englischen und französischen Schriftstellern zum Ziel hatten. An einem dieser
Freitage, der eigens Gertrude Stein gewidmet war, brachte
Mina Loy ihre Bewunderung für diese Neuerin zum
Ausdruck , die »den literarischen Zirkus auskehre, um Platz
für neue Nummern zu schaffen«. Zahlreiche Ansätze in
diese Richtung, bei ihren angefangen, wurden bei mir vorgelesen; ein großer Übersetzungseifer ergriff viele von uns
und dauert noch an.

Meine 1929 veröffentlichten *Aventures de l'Esprit* (Abenteuer des Geistes) berücksichtigen diese Zusammenkünfte;
auch enthalten sie Briefe, die Pierre Louÿs, Gabriele
d'Annunzio, Marcel Proust, R. M. Rilke, Max Jacob, Paul
Valéry u. a. an mich gesandt hatten. Gertrude hätte gewünscht, daß dieses Buch ins Amerikanische übersetzt werden würde, bot es doch ein authentisches, wenn auch un-

vollständiges Resümee unserer besten literarischen Epoche sowie all jener, die sie zu einer solchen gemacht hatten; Gertrude Stein gehörte zu ihnen, es war die Zeit ihres Werdens. Sie setzte sich durch, ohne je andere zu beeinträchtigen (es sei denn ihres Einflusses und Verständnisses wegen). Was sie selbst betrifft, so hat sie nie Rücksicht auf ihre Leser genommen – es ist sogar fraglich, ob sie je einen Gedanken an sie verschwendet hat.

WENN ICH diese bruchstückhaften Bilder betrachte, die mir – sei es nun als Äußerung ihrerseits oder als eigene Erinnerung – geblieben sind, so stelle ich fest, daß ich doch ein wenig das Wesentliche durch Oberflächliches ersetzt habe. Mir will scheinen, daß der Wunsch, eine solche Persönlichkeit zu erkunden und kennenzulernen, ohne dabei ins Innerste ihrer Absichten vorzudringen, der Anstrengung von jemandem gliche, der sich damit begnügt, Spiegelungen auf der Oberfläche eines Gewässers einzufangen, ohne dessen Tiefe zu berücksichtigen. Nichts anderes tue ich hier. Und doch habe ich mich, auf der Suche nach seltenen Perlen, bemüht, bis in ihre unterseeischen Geheimnisse einzudringen. Aber ach, ich bin dort nur auf eine Felsbank gestoßen und mußte – in Atemnot geraten, weil ich zuviel Salzwasser geschluckt hatte – wieder an die Oberfläche zurück.

Da ich eine Schriftstellerin von »Gedanken« bin, würde ich gern die von Gertrude herausziehen, so wie man das Fleisch einer Muschel herauszieht, doch während ich mich anstrenge, scheint Gertrude Gefallen daran zu finden, sich zu entziehen. Ihre Methode besteht aus Annäherungen an das

Thema; ohne in dieses einzudringen, wickelt sie es ein, wie jene Schneebälle, die alles, was auf ihrem Wege liegt, mit sich reißen. Und ihr Ziel sei, wie man mir sagte, eine Atmosphäre, ein Bild zu schaffen, nicht so sehr mit Hilfe von Assoziationen, sondern von Dissoziationen.

Sie legt auch eine deutliche Vorliebe für »Ähnlichkeiten« statt für »Gegensätze« an den Tag. Eine Methode, die im Bereich der Riten und Beschwörungen schon seit langem erfolgreich angewandt wird. Was ihre Wiederholungen betrifft, so habe ich den Eindruck, sie seien ein Mittel der Autorin, um Zeit zu gewinnen, während sie nach dem nächsten Satz sucht, und sie erinnern mich an jene langen Gebete, die in einer von Weihrauch und Musik geschwängerten Atmosphäre bei der Zuhörerschaft ein verspätetes Verstehen hervorrufen. Aber ich erinnere mich auch an unsere Freude als Kinder, wenn wir auf Holzpferden ritten und man uns eine zweite, eine dritte Gelegenheit gab, mit der Lanze den goldenen Ring zu treffen.

Wäre das Beispiel Gertrude Steins nicht noch anregender, wenn sie bei der Anwendung ihrer Methoden nicht so weit ginge? Die Systeme neigen dazu, ihre Erfinder mit sich fortzureißen, es sei denn, daß jemand sie an sich reißt, um sich das Beste ihrer Entdeckungen anzueignen, während der Erfinder selbst – wie in dem Fall, der uns hier beschäftigt – zugleich monoton und verwirrend bleibt. Was den letzten Punkt betrifft, so entgegnet Gertrude uns, daß »das Wort ›verwirren‹ substanzlos« sei. Was aber ist mit der Monotonie? Und warum geht diese Autorin, die zu solch eindrucksvollen Erfindungen fähig ist, das Risiko ein, uns im Dschungel ihrer Worte irrezuführen?

Wenn der Sinn ihrer Äußerungen lediglich durch deren

Dichte verdunkelt würde, wie im »work in progress« von Joyce oder in den *Cantos* von Ezra Pound, könnte ich ihr nur zustimmen, wie auch anderen, die mit der Gewohnheit gebrochen haben, etwa Remy de Gourmont mit seiner »Ideendissoziation«. Doch verstehe ich nicht, wohin uns Worte führen, die auf so heitere Weise von ihrem Thema getrennt sind.

Trotz alledem glaube ich, daß in den Zivilisationen Übergangsperioden auftreten, in denen die Worte notwendigerweise mit den Ideen brechen, damit sie neue Lebenskraft und freiere Assoziationen finden.Und in der Tat sollte man dem Verstehen nicht allzuviel Bedeutung beimessen, weil sonst wesentliche Ergebnisse entschlüpfen könnten. Auch muß ich mich auf das Versteckspiel einlassen, das dieser Autorin lieb und teuer ist; oder mich an meine Vorlieben halten, die ihren weniger hermetischen Werken gelten.

Gleichwohl beneide ich ihre Ritter vom Dienst: Thornton Wilder, Scott Fitzgerald, Hemingway, Carl van Vechten, Bernard Fay, Max White etc., die – weil eingeweiht – in der Lage sind, schwindelfrei auf ihren Spuren zu wandeln, während wir von ihren »Einfällen auf der Flucht durch die Sprache« (Browning) ausgeschlossen sind. Warum aber erweisen sich ihre Einfälle als so entmutigend? Doch müssen wir Geduld haben mit den Genies, denn sie haben mit sich selbst auch Geduld.

Soňa Hendrychová
Františka F. Plamínková

Senatorin in der Ersten Tschechoslowakischen Republik, war die Lehrerin Františka Plamínková eine der ersten Frauen in der Politik überhaupt. Als Mitbegründerin des Tschechischen Frauenclubs sowie des Nationalen Frauenrats legte sie den Grundstein für die organisierte Frauenbewegung und schaffte mit ihrer Person eine Verbindung zwischen Frauenbewegung und Politik.

WÄHREND DER OKKUPATION, in den ersten Kriegsjahren, besuchte ich als Schülerin mit meiner Tante Antonie Maxová Vorlesungszyklen im Tschechischen Frauenklub, die von dem Nationalen Frauenrat veranstaltet wurden. Von der verdunkelten Straße traten wir in den hell erleuchteten Saal, gefüllt mit Zuhörern, Frauen und Männern, die während der Vorlesungen und der anschließenden lebhaften Debatten sehr aufmerksam waren. Ich war damals elf Jahre alt, hörte sehr konzentriert zu, aber vor allem nahm ich die für mich bis dahin unbekannte Umgebung wahr. Dort traf ich auch zum ersten Mal die Senatorin Plamínková. Sie nahm mich durch ihre Energie, ihre präzisen Äußerungen und ihr Auftreten gefangen. Mir gefiel auch die Art, wie sie sowohl bedeutende Menschen als auch ein Kind wie mich behandelte.

Meine Tante hatte Františka Plamínková kurz nach dem Entstehen der Tschechoslowakischen Republik kennengelernt und seit dieser Zeit mit ihr im Lehrerinnenverband und auch im Nationalen Frauenrat zusammengearbeitet. Es war eine enge und fruchtbare Zusammenarbeit, und sie griff in unsere familiäre Welt so bedeutend ein, daß ich es schon in meinen jüngsten Jahren wahrnehmen konnte. Die Arbeit meiner Tante wurde nicht bezahlt, es war eine ehrenamtliche Tätigkeit, und ihre Wohnung wurde ein wenig zum Büro umfunktioniert, in dem geschrieben, diktiert und telefoniert wurde. Dort wurde ich allmählich mit den Problemen der Menschen bekannt, denen ein Unrecht geschehen war und die Gerechtigkeit forderten, und ich sah die Ernsthaftigkeit und Mühe, mit der meine Tante die Einzelfälle bearbeitete. Es war die »Schule« von F. F. Plamínková, die zur Arbeit für andere erzog.

Während des Krieges, als eine ganze Reihe von Frauen aus dem Nationalen Frauenrat im Gefängnis saß und die Senatorin Plamínková hingerichtet wurde, entschied sich der Frauenrat im September 1942 zu einer freiwilligen Selbstliquidation, um sich vor jeglicher Vereinnahmung durch die Nazis zu schützen. Jedoch trafen sich die übrig gebliebenen Vorstandsmitglieder – unter ihnen auch meine Tante – regelmäßig bis zum Kriegsende auch bei uns zu Hause. Sie bereiteten das Programm der zukünftigen Frauenorganisation vor.

Nach dem Krieg fand die Frauenbewegung ihre Fortsetzung nur bis zum kommunistischen Putsch im Februar 1948. Die Ideen, aus denen sie entstanden war und durch

Františka F. Plamínková

die sie gelebt hatte, verschwanden aus dem gesellschaftlichen Bewußtsein. Erst nach dem November 1989, als in unserem Staat die Freiheit erneuert wurde, begann man sich wieder der Frauenfrage in den Traditonen des Nationalen Frauenrates anzunehmen.

Während der ganzen Zeit des kommunistischen Regimes habe ich die Hinterlassenschaft meiner Tante aufbewahrt, Bücher und Publikationen des Nationalen Frauenrates, Artikel in Zeitschriften, Korrespondenz, Kärtchen von Plamínková mit Anweisungen und Anmerkungen, und nicht zuletzt die Rede von Antonie Maxová »Was war sie für uns«, die sie auf der Versammlung im Senatsgebäude im November 1945 hielt und die dem Andenken an F. F. Plamínková gewidmet war.

FOLGT MAN DEM LEBENSWEG von Františka Plamínková und studiert Quellen über ihre umfangreiche Arbeit und ihre Arbeitsmethoden, setzt man aus den Erinnerungen ihrer Zeitgenossen und Mitarbeiterinnen das Bild ihrer Persönlichkeit zusammen, so fällt es schwer zu glauben, daß sie bereits vor 120 Jahren geboren wurde und im letzten Viertel des vorigen Jahrhunderts aufwuchs. Sie war ihrer Zeit weit voraus.

Im Kampf um die grundlegenden Menschenrechte für alle stand sie auf der Seite der Unterdrückten. Und bereits sehr früh begriff sie, daß die Frau in der Gesellschaft eine sozial schwächere Stellung innehat. Ihr Sinn für Gerechtigkeit motivierte sie, diesen Unterschied ausgleichen zu wollen. Es gab für sie nichts Wertvolleres als die persönliche Freiheit, und deshalb setzte sie sich für die Freiheit der Frau ein. Ihr

Glaube an die Frau bildete die Grundlage ihrer Arbeit. Von Anfang an jedoch stieß sie auf Vorurteile, auf eine tausendjährige Tradition der Unterdrückung von Frauen, auf die historisch entstandene Ungleichheit zwischen Mann und Frau.

Sie wollte die Beziehung zwischen Mann und Frau auf Freiheit, gegenseitiger Achtung, gegenseitiger Hilfe und freiwillig auf sich genommenen Pflichten begründet wissen. Dabei stellte sie an die »moderne« Frau große Ansprüche. Zu ihren Eigenschaften sollten sowohl Wahrhaftigkeit, Einfachheit, Gefühls- und Vernunfttiefe als auch Kraft, Entschlossenheit und Ausdauer gehören. In Františka Plamínkovás Augen waren es allerdings Eigenschaften, die auch einen Mann auszeichneten, sollte er das Attribut »modern« tragen dürfen. Freier Wille und Entwicklungsfähigkeit gehörten für sie zum Menschen, egal ob Frau oder Mann

Von Anfang an betonte sie, daß die Emanzipation die Frau nicht von Mann und Kindern wegführen muß; vielmehr hielt sie gerade die Familie für die Einheit, auf der sich eine Nation gründet. So suchte sie nach Wegen der Bewahrung des Familienlebens, allerdings nicht um den Preis einer einseitigen Erziehung schon der jungen Mädchen für das sogenannte praktische Leben. Nicht die Unterdrückung der Selbständigkeit der Frauen und ihre Selbstaufopferung, sondern höhere Bildung, Gleichberechtigung und innere Freiheit sollte die Familie ermöglichen.

Als dann ein Mann in ihr eigenes Leben trat, wurde ihr bewußt, wie zweifelhaft das traditionelle Verständnis der Männer von Frauen ist. Zwar schließt die große Liebe eines Mannes zu einer Frau unter Umständen ein, daß er ihr von

Hobbys bis zum Studium alles gönnt, doch ihr wahres
Interesse darf nur ihm alleine gelten, weil er es nicht ertragen kann, wenn seine Frau sich darüber hinaus anderen
Menschen widmet oder gar so selbständig ist, daß sie ihr
eigenes Auskommen hat. Zwar würden – so die Folgerung
Plamínkovás – Frauen diese »süße Sklaverei« eine gewisse
Zeit ertragen, aber letztendlich daraus entfliehen. Und so
besiegelte keine Ehe ihre Liebesbeziehung. Dennoch nahm
sie das zweite »F.«, in Erinnerung an den Namen des geliebten Mannes, als Initiale in ihren Namen auf. »F. F. Plamínková«, so unterschrieb sie ihr Leben lang.

Nur eine Feministin zu sein, hätte sie als eine Einengung
ihrer Arbeit empfunden. Sie war vor allem ein Mensch, ein
schöner, einfacher und klarer Mensch, und eine treue
Freundin. Sie war die Verkörperung von Zuverlässigkeit
und Sicherheit. Sie war imstande, in den Menschen, die ihr
nahe standen, das Beste zu wecken, und diese Menschen
haben sie auch nie mehr vergessen. Als ihrer Schülerin und
Mitarbeiterin im Nationalen Frauenrat Milada Horáková
im Juni 1950 vom kommunistischen Regime der Prozeß
gemacht und sie zum Tode verurteilt wurde, gedachte sie
noch in ihrem Abschiedsbrief der mütterlichen Freundin
und bat, an jedem 30. Juni, dem Jahrestag der Hinrichtung
von Františka Plamínková, einen Blumenstrauß auf ihr
Grab zu legen.

FRANTIŠKA PLAMÍNKOVÁ wurde am 5. Februar 1875
in Prag als jüngstes von drei Mädchen im Haus »Zu den drei
Schwalben« (Karlovo náměstí) am Karlsplatz geboren. Die
Familie Plamínek stammte aus einem kleinen Dorf unter-

halb des Riesengebirges bei Rovensko. Die Plamíneks waren vor allem Bauern und Weber, doch hat es auch einen Bürgermeister unter ihnen gegeben. Františka Vater machte eine Lehre in Prag und eröffnete als noch sehr junger Mann eine Schusterei.

Františka ging gern zur Schule, hatte ein gutes Gedächtnis und machte sich schon als junges Mädchen ihre eigenen Gedanken über viele Dinge. Sie verbrachte viel Zeit in der Werkstatt ihres Vaters, wo häufig über Politik diskutiert, erzählt und vorgelesen wurde. Sie liebte es zu lesen, und wählte später, auf der Schule und im Lehrerinstitut, ihre Autoren sehr sorgfältig aus. In den Büchern suchte sie nicht Sentimentalität, sondern Empfindsamkeit und Kraft.

Nach dem Abitur begann sie zu unterrichten, suchte jedoch auch weiterhin, ihre vielseitigen Begabungen zu fördern. Sie lernte Französisch und Deutsch, besuchte Mal- und Zeichenkurse an der Kunstakademie, modellierte mit Ton und brannte ihre Arbeiten selbst im Ofen eines Töpfers. Sie spielte Klavier, sang im Verein der Prager Lehrerinnen, ging ins Theater und besuchte Ausstellungen. Während der Ferien fuhr sie ins Ausland. Damit nicht genug, besuchte sie einige Veranstaltungen an der Universität, so Vorlesungen von Masaryk und Seminare über Ästhetik und Kant.

Ihre wachsenden Kenntnisse halfen ihr, fast schlafwandlerisch die nächsten Aufgaben zu bestimmen, und vielleicht ahnte sie bereits damals ihre zukünftige Berufung. Sie verschrieb sich gänzlich dem Lehrerberuf, störte sich aber am gesellschaftlichen Schattendasein des Lehrerinnendaseins. Schon damals gab es eine Lehrerinnenorganisation, der Františka Plamínková beitrat.

Das Jahr 1903 sah sie als Mitbegründerin des »Ženský klub

český«, des Tschechischen Frauenklubs, der in Zukunft im kulturellen Leben der Frauen und bei bildungspolitischen Fragen eine maßgebliche Rolle spielen sollte. Hier bewiesen sich sowohl ihre organisatorischen Fähigkeiten als auch ihr Sinn für grundlegende Projekte. Sie schlug Vorlesungsreihen zu ethischen und sozialen Problemen, zur rechtlichen Lage der Frau und zu Gesundheitsfragen vor. Im Klub trugen sowohl Universitätsprofessoren als auch einzelne Fachleute vor. Masaryk sprach über die ethische Bedeutung der Frauenbewegung. In einem Vortragszyklus über das Verständnis der Frau in den Werken großer Dichter lasen zeitgenössische Künstlerinnen und Schauspielerinnen wie Hana Kvapilová oder Leopolda Dostálová. Františka Plamínková selbst wies in ihrer Vorlesung »Die moderne Frau«, die sie dort 1906 hielt, der tschechischen Frauenbewegung eine neue Richtung. Nicht durch den Kampf um jeden Preis, sondern vor allem durch qualitativ gute und intensive Arbeit, deren Anerkennung schließlich doch nicht ausbleiben konnte, schufen Plamínková und ihre Mitstreiterinnen die Ausprägung des tschechischen Feminismus, der sich von anderen feministischen Richtungen, wie z. B. dem englischen Feminismus, unterschied. Er war nicht gegen Männer gerichtet, sondern zielte darauf ab, auch Männern begreiflich zu machen, daß eine gebildete und selbstbewußte Frau ihre beste Partnerin und wertvollste Mitarbeiterin ist.

Die Vorlesungen im Tschechischen Frauenklub waren stets sehr gut besucht, und die Klubtätigkeit beeinflußte stark die öffentliche Meinung. Doch um die gleichberechtigte Teilnahme der Frauen sowohl am gesellschaftlichen als auch beruflichen Leben durchzusetzen, bedurfte es einer politischen Organisation, die dieses Ziel zum Programm erhob.

So entstand im Jahre 1905 das Komitee für Frauen-wahlrecht. Plamínková gehörte zu dessen Initiatorinnen und wurde bald zur führenden Figur. Die primäre Aufgabe des Komitees war, das Interesse von Frauen wie Männern für das Frauenwahlrecht zu wecken. Dies erforderte zahl-lose Vorträge, Agitationen, Artikel, Organisationsarbeit und nicht zuletzt die Gewinnung von Politikern, welche die Forderung nach der Aufnahme des Frauenwahlrechts in die Programme ihrer Parteien unterstützten. Als Františka Plamínková schließlich feststellte, daß die Wahlordnung in ihrem Wortlaut das passive Wahlrecht von Frauen nicht ausschloß, startete sie eine Kampagne für die Kandidatur von Frauen als Abgeordnete. Sie selbst lehnte eine Kandi-datur jedoch ab, um sich völlig der Wahlkampagne widmen zu können. Als Kandidatin wurde die Schriftstellerin Božena Viková-Kunětická aufgestellt, die dann auch im Jahre 1912 in den Nymburger und Neubunzlauer Bezirken als erste weibliche Abgeordnete in den Reichsrat der öster-reichisch-ungarischen Monarchie gewählt wurde. Das Echo auf diese Wahl hallte durch ganz Europa.

DIE STÄRKSTE STÜTZE der tschechischen Frauen-bewegung war Masaryk. Durch seine Artikel und Vor-lesungen sowie seinen Einsatz für die Zulassung von Frauen zum Hochschulstudium im Reichsrat in Wien übte er nicht nur auf seine Studenten, sondern auch auf die Professoren-schaft und die Öffentlichkeit, Männer wie Frauen, maßgeb-lichen Einfluß aus.

Františka Plamínková erinnerte sich: »Meine jungen Jahre reiften im Schmelztiegel der neunziger Jahre des 19. Jahrhunderts heran. Unsere Wurzeln waren fest in dem kleinstädtischen, einfachen Leben verankert – Mut hatten wir für einen ganzen Berg von Hindernissen besessen –, und wir sogen ungeduldig neue Ideen auf. Aber es gab für uns keine Führerpersönlichkeiten, keine Wahlmöglichkeiten und keine Vorbilder. *Die Hörigkeit der Frau* von John Stuart Mill, die im Jahre 1890 von Charlotte Masaryková übersetzt wurde, hat unsere Einsamkeit im Kampf nur betont. Wir sahen tausendfache Spiegelbilder um uns herum, wir fühlten, daß das Alltagsleben tatsächlich so geprägt war, daß wir uns dennoch niemals mit diesen Umständen versöhnen dürften. Gab es aber einen Weg, der aus den Verwirrungen der Seele hinausführen würde? Gott, sowohl der alt- als auch der neutestamentarische, war für uns bereits verloren; den Gott in uns zu suchen, hat uns keiner beigebracht. In diesem Zustand begegnete uns, respektive wir begegneten Masaryk.«

Unter dem Einfluß von Masaryk wuchs eine Generation heran, die ihr Verhältnis zur Frau und ihr Verständnis der Frau hinterfragte und neu bewertete. Die Frauenfrage wurde zur Kulturfrage der Nation. Nach Masaryk war es falsch, Männer und Frauen gegeneinander zu stellen – die Gesellschaft, die Nation, das waren für ihn Millionen von Männern und Frauen, Millionen von Individuen, die untereinander zu einem Ganzen verbunden waren, und deshalb sollte es die hauptsächliche Sorge sowohl der Männer als auch der Frauen sein, dieses Ganze als einen Organismus zu begreifen. Deshalb sprach Masaryk nur ungern von der »Frauenfrage«: »Weil es keine Frauenfrage gibt, so wie es

keine Männerfrage gibt: es ist die Frage der Gesellschaft.«
Seine Überzeugung hinsichtlich der Gleichberechtigung
drückte er in dem politischen Postulat aus: »Die Frau soll
auf das gleiche Niveau mit dem Mann gestellt werden, und
zwar kulturell, juristisch und politisch.«

In der Washingtoner Deklaration vom 18. Oktober 1918, in
der die demokratischen Hauptprinzipien des zukünftigen
tschechoslowakischen Staates proklamiert wurden – sie
wurde von T. G. Masaryk konzipiert –, wurde das Prinzip
ausgerufen: »Frauen werden politisch, sozial und kulturell
Männern gleichgestellt.« Hier stand bereits anstelle des
Postulats »Frauen sollen...« das bindende Versprechen
»Frauen werden...«

Františka Plamínková schrieb dazu: »Wahrscheinlich
wußten es nur wir, die Frauen, die im Zentrum der Kämpfe
um Gleichberechtigung gestanden haben, was die Veränderung dieses einen einzigen Wortes bedeutete!«

Das Prinzip aus der Washingtoner Deklaration wurde 1920
im Paragraph 106 des Grundgesetzes der Tschechoslowakischen Republik verankert, der das Verbot der Benachteiligung aufgrund des Geschlechts beinhaltete. Die Aufnahme dieses Prinzips in das Grundgesetz wurde von Masaryk
selbst als Auswirkung und direktes Ergebnis der Kämpfe
von Plamínková und ihren Mitarbeiterinnen in der
Vorkriegszeit bewertet.

Die Verabschiedung des Grundgesetzes hat jedoch das
Denken der Menschen nicht verändert, und die konkrete
Gleichberechtigung, die Durchsetzung von Frauen in vie-
len Arbeitsbereichen, in der Politik und im öffentlichen
Dienst, mußte auch weiterhin erkämpft werden.

Als eine der vorrangigen Aufgaben galt nun die Abschaf-

fung des »Zölibats« – des Verbots der Beschäftigung verheirateter Frauen im öffentlichen Dienst. Bereits in ihren
ersten Jahren als Lehrerin trat Františka Plamínková sehr
entschieden gegen das »Zölibat« auf. Sie schrieb Artikel, re-
ferierte darüber auf Versammlungen der Lehrerinnenorganisation, formulierte ein Papier zur Verbesserung der
Lebensverhältnisse verheirateter Lehrerinnen und machte
mehrere Eingaben an das Parlament. Dessen ungeachtet
erreichte sie die Abschaffung des »Zölibats« zur Zeit des
alten Österreich nicht. Dies gelang erst nach der Gründung
der Tschechoslowakischen Republik, durch ein Gesetz aus
dem Jahre 1919, welches das »Zölibat« von Lehrerinnen
ausdrücklich abschaffte. Dieses Gesetz auf alle anderen
Frauen zu erweitern, bildete nun eine weitere Etappe in der
Arbeit von Františka Plamínková. Schritt für Schritt wies sie
nach, welche Normen dem Grundgesetz widersprachen.
Unermüdlich machte sie Eingaben, organisierte Proteste
gegen Maßnahmen, die sich gegen verheiratete weibliche
Angestellte richteten, und erklärte ihren Standpunkt in der
Broschüre über »Das Recht verheirateter Frauen auf be-
zahlte Beschäftigung«. Sie verteidigte das uneingeschränk-
te Recht der Frauen auf persönliche Freiheit, ebenso wie
ihr Recht auf alle anderen bürgerlichen Freiheiten und auf
Arbeit.

In den Jahren der ersten Republik kam sie nicht zur Ruhe.
Gesetzesvorschläge und Verordnungen mußten durchdacht, diskutiert und überprüft werden. Über Nacht waren
Eingaben und Proteste vorzubereiten, Veränderungsvor-
schläge zu begründen und durch Berechnungen und Stati-
stiken zu ergänzen. 1923 hatte sich die Öffentlichkeit bereits sehr weit von den Ansichten der Umbruchjahre ent-

fernt – das besagte Gesetz gegen das »Zölibat« von Lehrerinnen war bedroht.

Fieberhaftes Arbeitstempo, nichtendende Eile und Verantwortungsgefühl brachten Františka Plamínkovás Mitarbeiterinnen oft an den Rand der Erschöpfung. Antonie Maxová, zu dieser Zeit im Lehrerinnenverband aktiv, erinnert sich an diese Zeit: »Damals traf ich Plamínková – sonst immer ein Stehaufmännchen – absolut entkräftet und beinahe zusammengebrochen an. Die Arbeitsergebnisse eines Vierteljahrhunderts waren bedroht, es ging um die Freiheit von Frauen und um Menschlichkeit. Die Situation war sehr ernst, scheinbar sogar hoffnungslos. Das Gesetz gegen das ›Zölibat‹ aus dem Jahre 1919 sollte auf eine Weise beschnitten werden, die gar seine grundlegende Bestimmung zur Bedeutungslosigkeit verurteilte. Plamínková rief mich an. Ich werde diesen Tag nie vergessen. Sie saß an ihrem Schreibtisch, auf dem und um den herum sich Berge beschriebenen Papiers, alte Zeitschriften und Akten stapelten, Belege des Freiheitskampfes. Und sie stand ganz alleine gegen die reaktionäre Hydra. Sie hatte keine Worte mehr und brauchte einen lebendigen Menschen neben sich, der ihrer Überzeugung von der Berechtigung ihres Kampfes zustimmte. Sie mußte das unerträgliche Gewicht der Verantwortung mit jemandem teilen. Ich konnte ihr nicht viel geben. Ich gab ihr nur die Sicherheit, daß wir ihr beistünden. Und die zusammenbrechende Plamínková stand wieder auf. Sie schrieb einige Briefe an entscheidende Persönlichkeiten und fand die richtigen überzeugenden Worte.

Im Finanzministerium in Clam-Gallas-Palais fand damals gerade eine Versammlung führender Politiker statt. Ich lief mit den Briefen dorthin, bei dem Papierhändler im gleichen Haus kaufte ich noch schnell einige weiße Umschläge und schrieb die Namen der Adressaten darauf, ließ dann einen von ihnen aus der Sitzung herausrufen und übergab ihm die Briefe. Es war alles so unmittelbar und wie von der Hand der Vorsehung gelenkt, und dementsprechend stellte sich dann auch der Erfolg ein. Wir haben die persönliche Freiheit der berufstätigen Frauen gerettet.«

IM JAHRE 1918 trat Františka Plamínková der Tschechoslowakischen Volkssozialistischen Partei bei, die während der ganzen ersten Repulik eine demokratische und staatsbildende Rolle spielte und die Politik der Präsidenten Masaryk und Beneš unterstützte. Von Anfang an arbeitete Plamínková am Programm der Partei mit, wurde Vorstandsmitglied und auch als Abgeordnete in die Prager Stadtvertretung und den Stadtrat gewählt.

In der Kommunalpolitik der Stadt Prag setzte sie sich für Kontinuität, Reorganisation und Sparpolitik in der Stadtverwaltung ein, stets den Blick auf die zukünftige Entwicklung gerichtet. Die Sozialpolitik lag ihr besonders am Herzen. Sie vertrat die Ansicht, daß Barmherzigkeit zur sozialen Gerechtigkeit gehört und gesetzlich verankert werden soll, und sie wußte sehr wohl, daß Sozialarbeit organisiert sein wollte. In der Armenpflege widmete sie sich der Verbesserung von Wohnverhältnissen, ihr besonderes Interesse galt aber der Sozialpflege für Frauen und Kinder. Sie organisierte soziale Beratung für Frauen, richtete Arbeitswerkstätten für Frauen mit verminderter Arbeitsfähigkeit ein und arbeitete in der humanitären Institution

»Das tschechische Herz« mit. Zu der Sozialarbeit gehörte
für sie auch die Pflege der moralischen Gesundheit. Sie
wurde Vorsitzende der tschechoslowakischen Zweigstelle
des internationalen Amtes gegen Handel mit Frauen und
Kindern, arbeitete in den Bewegungen gegen Prostitution
und Alkoholismus mit und war sogar Inspektorin im Prager
Frauengefängnis.

Als Mitglied der Schulkommission setzte sich Františka
Plamínková für neue reformatorische Richtungen im Schul-
wesen ein und regte auch die erste experimentelle Schule
in Prag an. Später unterstützte und begleitete sie die Schule
bis zu ihrer Eröffnung – von den ersten Genehmigungs-
gesprächen im Ministerium bis hin zur Beratung des Rat-
hauses bei der Suche nach einem geeigneten Ort und der
materiellen Ausstattung der Schule. Nichts war ihr als
Aufgabe zu gering, kein Opfer zu groß, wenn es um die
Reform des Lebens ging.

1923 gründete Plamínková den Nationalen Frauenrat, der
die verschiedenen Frauenorganisationen in Böhmen, Mähren und der Slowakei zusammenfaßte und deren Tätigkeit
koordinierte. Der Nationale Frauenrat war »ein neues Ba-
taillon gegen die Entrechtung«, wie sich Plamínková tref-
fend ausdrückte. »Wir leben in einer Zeit, in der man viel
be- und ergreifen oder alles verlieren kann. Vielleicht ist es
doch sichtbar, daß ich mich stets in vorderster Front befin-
de, daß ich aufpassen, anregen und wachrütteln muß? Die
Zeit wartet nicht! Wir sollen die Wege der Zukunft vorbereiten. Die am weitesten nach vorn sehen, müssen die Arbeit ausführen. Wir benötigen Erfahrungen aus der Arbeit,
aber die Hauptsache ist Wegbereitung. Zu sehen, wohin das
Leben geht.«

Františka Plamínková erkannte zielsicher, wo ihr Platz war und wo sie gebraucht wurde. Aber gleichzeitig hat sie auch geduldig weiterhin gesucht, studiert und entdeckt. Sie begriff, daß die Wirtschafts- und Sozialverhältnisse dem Wandel unterworfen sind und das Leben – wie sie einmal sagte – durch große Beweglichkeit gekennzeichnet ist. Menschen, die in ihm bestehen wollen, müssen imstande sein, diese Beweglichkeit wahrzunehmen und sich ihr anzupassen.

Sie besaß die Gabe, Menschen zusammenzubringen, jeder, der mit ihr in Kontakt kam, wurde von ihr beeinflußt. Dennoch wäre es ein Irrtum, hinter diesem Einfluß Abhängigkeiten und passive Unterordnung auf der einen und autoritäres Gehabe auf der anderen Seite zu vermuten. Františka Plamínková verließ sich niemals auf Mitarbeiter, die ihr aus Bequemlichkeit oder Opportunität Recht gaben. Als starke und mutige Frau baute sie selbst auch auf die Starken und Mutigen. Jedes Problem sollte immer so gründlich »auseinandergenommen« werden, wie sie zu sagen pflegte, so durchdacht und diskutiert, bis man letztlich zu dem einzig richtigen Standpunkt gelangte. Besonders in ihren jüngeren Jahren verlor sie oft die Geduld, wenn sie bei anderen auf Halbheit, Ratlosigkeit oder unfertige Lösungen stieß, die der Sache schaden konnten. Sie trat dann manchmal sehr scharf auf. Mit den Jahren gewannen aber auch bei ihr Weisheit und Geduld in solchen Situationen die Oberhand, obwohl sie niemals gewillt war, die Taktik über die Grundsätze zu stellen. Ebensowenig ließ sie einen Kompromiß zu, der das Gerechtigkeits- oder Wahrheitsempfinden verletzt hätte oder sich gegen eine natürliche Enwicklung richtete. Eine Diskussion, die zu einer Kampfabstimmung führte, war für sie eine unfertige Angelegenheit. Natürlich gab es bei besonders wichtigen Entscheidungen auch Abstimmungen. Doch jede der Frauen im Gremium wurde gezwungen, mit Argumenten ihren Standpunkt zu begründen, ihre Ansicht zu erklären und auch die Verantwortung für ihre Entscheidung mitzutragen.

Der Nationale Frauenrat gliederte sich in mehrere Ausschüsse, die in alle Lebensbereiche hineinreichten und durch konkrete Vorschläge und Initiativen zur rechtlichen, wirtschaftlichen, sozialen und kulturellen Gleichberechtigung der Frau beitrugen.

Für Františka Plamínková gab es keinen Zweifel, daß die Organisationsform einer Gesellschaft nur die Demokratie sein kann, und zwar nicht nur die politische, sondern auch die Wirtschaftsdemokratie. Deshalb führte sie Proteste an, leistete Überzeugungsarbeit und griff ein, wenn es zu Diskriminierungen kam. Und sie verstand es, die öffentliche Meinung zu beeinflussen.

Als die Regierung in den dreißiger Jahren Sparmaßnahmen anordnete, durch die im größeren Maße Familien von berufstätigen Frauen betroffen waren, veranstaltete Františka Plamínková eine Umfrage, in der sie Personen des öffentlichen Lebens um ihre Meinung zu dieser Maßnahme bat. Sie sprach Hochschullehrer, Philosophen, Juristen und Künstler an, Frauen wie Männer, und das Ergebnis dieser Umfrage war eindeutig: Alle brachten überzeugend und öffentlich zum Ausdruck, daß sie derartige Eingriffe der Staatsmacht für ungesetzlich und undemokratisch hielten und daß eine echte Demokratie unter keinen Umständen die Antastung ihrer Grundgesetze zulassen dürfe.

Auch als Präsident interessierte sich Masaryk für die Frauenbewegung, und er äußerte dieses Interesse auch in der Öffentlichkeit. In seiner Botschaft zum 10. Jahrestag der Selbständigkeit der ČSR erinnerte er an die brennende Aktualität der sogenannten Frauenfrage und die Notwendigkeit, Frauen, die Hälfte der Bevölkerung, zu öffentlichen Ämtern zuzulassen. Er schätzte die Arbeit des Nationalen Frauenrates sehr und unterstützte ihn bei konkreten Aktionen nicht nur moralisch, sondern auch finanziell. Er übernahm die Schirmherrschaft für die alljährlich vom Nationalen Frauenrat veranstalteten Konzerte, empfing ihre Delegationen und ausländischen Gäste. Er achtete Františka Plamínková, mit der er in ständigem Kontakt stand, sehr. Ihre Beziehung zur Präsidentenkanzlei hatte nicht nur informativen Charakter, sondern brachte auch entscheidende Erfolge auf den Weg. Františka Plamínková sorgte dafür, daß die Tätigkeit und der gute Name des Nationalen Frauenrates in das öffentliche Bewußtsein Eingang fanden. Die Frauenrat-Konzerte waren immer ein künstlerisches und gesellschaftliches Ereignis. Präsident Beneš setzte die Tradition Masaryks fort und übernahm ebenfalls die Schirmherrschaft für die Konzerte. Im Jahre 1937 ermöglichte Františka Plamínková der jungen Komponistin Vítězslava Kaprálová anläßlich eines Frauenrat-Konzerts, an dem auch die Tschechische Philharmonie teilnahm, ihre »Vojenská simfonieta« − die Militärsinfoniette − aufzuführen und auch zu dirigieren. Der Nationale Frauenrat gab eine regelmäßige Monatsschrift heraus und publizierte Bücher über bedeutende Frauen, gab die Sammlung »Masaryk und die Frauen« sowie diverse Broschüren und Vorträge zur Frauenthematik heraus. Er protegierte die

Kunst der tschechoslowakischen Frauen nicht nur auf Ausstellungen in Prag, sondern organisierte für sie Expositio-
nen anläßlich internationaler Kongresse auch im Ausland.
Eine besonders verdienstvolle Tätigkeit zeichnete die
Sektion aus, die den Kontakt mit dem Ausland pflegte. Der
Nationale Frauenrat wurde zu einem bedeutenden Mitglied
in internationalen Frauenorganisationen, und Františka
Plamínková bekleidete in diesem Zusammenhang zahlreiche Funktionen, die keinen formalen Charakter hatten,
sondern aktive Zusammenarbeit bedeuteten, bei denen sie
ihre diplomatischen wie politischen Erfahrungen beweisen
konnte. Františka Plamínková öffnete den tschechoslowakischen Frauen den Weg in die internationale Frauenbewegung. So führte sie 1925 die tschechoslowakische
Delegation zum Kongreß des Internationalen Frauenrates
in Washington an. Auf dem Abschlußbankett hielt sie vor
der versammelten diplomatischen Welt eine vielbeachtete
Ansprache. Im Anschluß daran stattete sie einigen bedeutenden amerikanischen Familien, unter ihnen die Rocke-
fellers, sowie Institutionen und Klubs Besuche ab, traf Universitätsprofessoren und Richter, unter anderem auch F. D.
Roosevelt, und gab eine ganze Reihe von Interviews.
1925 wurde Plamínková als Senatsmitglied in die Natio-
nalversammlung der Tschechoslowakischen Republik gewählt und blieb dies auch in den nächsten Wahlperioden.
Sie arbeitete in einigen Ausschüssen mit, intervenierte bei
Ministerien gegen die schleppende Bürokratie, schrieb Be-
richte und trug sie vor, erklärte und informierte. Der
Senatsvorsitzende Dr. František Soukup betonte nach zehn
Jahren ihrer Senatorinnentätigkeit, daß sie eine Organi-
satorin mit außerordentlicher Energie und Durchset-

zungsvermögen sei, eine Rednerin von seltener Überzeu-
gungskraft und Faszination und eine Bearbeiterin von
Gesetzesvorlagen mit bewundernswertem Fleiß, Verant-
wortlichkeit und Fachkenntissen. Während der Plenar-
sitzungen trat sie als eine engagierte, aber sachliche Rednerin auf. Die Politik war für Františka Plamínková »der
spannendste Roman«, wie sie es einmal bezeichnete; denn
»in der Politik werden die Schicksale von uns allen, unseren Kindern und Enkelkindern vorbereitet«.

ANLÄSSLICH IHRES 60. GEBURTSTAGS im Jahre
1935 vertraute Františka Plamínková ihren Mitarbeiterinnen an, wie sie zu ihrer Arbeit gekommen war und warum
sie gerade auf diese Weise arbeitete:
»Ich wollte die Welt verbessern. Also begab ich mich in den
Ring und begann mit der Arbeit. Aus meiner Arbeit erga-
ben sich für mich einige Erkenntnisse und Grundsätze: Mit
dem Arbeitsbeginn fängt auch das Verantwortungsgefühl
an zu wachsen. Und dieses verläßt den Menschen nicht
mehr. Die so entstandene Mitverantwortung zwingt dann
zu einer ernsten Arbeitsauffassung.
Im weiteren bedarf es noch Ausdauer und Hartnäckigkeit.
Wenn es ein Problem gibt, so lasse ich es nicht mehr los und
halte es fest. Wie die englische Dogge das einmal Gefaßte
nicht mehr locker läßt, so darf man seine Sache auch nicht
mehr loslassen, und man muß sie immer im Gedächtnis
behalten. Arbeit – die richtige Arbeit lehrt uns auch die
richtige Methode. Ohne Methode gibt es viele Irr- und
Umwege, und Methode zu haben bedeutet, den kürzesten
Weg zu nehmen.

Eine wunderbare Sache ist die Solidarität. Der Mensch allein zählt nichts und kann nichts bewirken. Aber mit Solidarität kann man große Dinge erreichen. Hätten wir etwa erreichen können, was wir erreicht haben, wenn ich allein geblieben wäre?

Und Fröhlichkeit. Nur keine Traurigkeit! Das Leben ist schön! Es hält für uns natürlich so manches Düstere bereit. Nacht und Tag wechseln sich ab. Aber wir alle wissen, daß sich der Himmel nach einem Gewitter aufklärt. Fröhlichkeit bringt die Menschen zusammen. Habt ihr schon mal gemerkt, wie ein fröhlicher Mensch eine Atmosphäre schafft, in der es guten Menschen gut geht? Daß sich auch Güte in einer fröhlichen Umgebung am besten entwickelt? Daß vor allem Kinder darin wie Fische im Wasser schwimmen? Wir wissen vielleicht, daß Trauer und Schmerz den Menschen tief prägen, aber Fröhlichkeit hält ihn hoch und macht nicht nur sein eigenes Leben, sondern auch seine ganze Umgebung leichter. Die Fröhlichkeit ist wie die göttliche Sonne, unter der alles wächst, blüht und heranreift. Gerade wegen ihrer seltenen, stärkenden Werte halte ich die Fröhlichkeit für eine menschliche Pflichtübung. Machen wir Fröhlichkeit zu unserem Programm!«

Auch unter großer Arbeitsbelastung verstand es Františka Plamínková, ihre gesunde Fröhlichkeit zu bewahren. Sie hatte ein beinahe kindlich fröhliches Lachen. Es half ihr manchmal, sich von Zweifeln zu befreien und sich in Momenten der Müdigkeit zu erfrischen.

Der Arbeit ergab sie sich immer vollständig. Eine ihrer Schülerinnen beschrieb, wie sie als Lehrerin war: »Wenn es Rechnen gab, so rechneten wir, bis uns der Kopf zu platzen drohte, und wenn es Zeichnen gab, so wurde auch wirklich

gezeichnet. Während der Arbeit gab es für Plamínková
nichts anderes. Sie wußte stets, wo sie sich gerade befand,
wohin sie etwas eingeordnet oder hingelegt hatte. Sie
wußte, daß konsequente Arbeit zwar strenge Anforderungen an den Menschen stellt, kannte aber auch die Be-
lohnung.«

Die internationale Tätigkeit des Nationalen Frauenrates
war in der Zeit zwischen den zwei Weltkriegen sehr eng mit
den Bemühungen um Solidarität zwischen den Völkern
und den Weltfrieden verknüpft. Plamínková organisierte
eine internationale Friedensschule in Podebrady, gründete
die »Tschechoslowakische Liga für Frieden und Freiheit«
und berief eine Konferenz von Friedensorganisationen
nach Prag.

Sie sah die Gefahr des Hitlerregimes und des entstehenden
Nazismus im benachbarten Deutschland voraus und machte durch viele Aktionen die Welt darauf aufmerksam, daß
die faschistische und nazistische Gefahr nicht nur den
tschechoslowakischen Staat bedrohte, sondern die Tsche-
choslowakei nur eine Etappe auf dem Weg des Hitlerregimes zur Eroberung der Welt war. Nach ihr würden
andere Länder an die Reihe kommen, sollte sich die Welt
der brutalen Macht nicht entgegenstellen.

Am 14. September 1938 schrieb Plamínková einen offenen
Brief an Adolf Hitler:

»Herr Kanzler, in einer Reihe von Unrichtigkeiten, die Sie
in ihrer Montagsansprache äußerten und die nur durch
historische und bevölkerungspolitische Unkenntnis erklärt
werden können, haben sie unserem Präsidenten, Dr. Beneš,
eine schwere Beleidigung zugefügt.

Auch diese Beleidigung ließe sich vielleicht durch einen Mangel an Informationen erklären, unter denen ein Diktator leidet, dessen Umgebung ihn bloß über Dinge informiert, die seinen Wünschen entsprechen.

Deshalb erkläre ich Ihnen hiermit: Ich besuchte mit einem Flugzeug vom 13. bis 15. Mai Südfrankreich. Und dort − keinesfalls in der ČSR − wurde ich von der Presse und der Stimme des Volkes überzeugend darüber informiert, daß sich die deutsche Armee in Richtung der tschechischen Grenze bewegte. Wie kann man also behaupten, daß dies eine Erfindung von Präsident Dr. Beneš sei?

Niemand könnte Dr. Beneš der Lüge bezichtigen, der die tschechische Geschichte kennt, den heldenhaften Kampf der Tschechen im 15. Jahrhundert für die Gotteswahrheit, ihren Kampf für die Wahrheit im 17. Jahrhundert, das Leben von Masaryk und seine Wahrheitsliebe, und die Tatsache, daß er in das Staatswappen der Tschechoslowakischen Republik die Losung ›Wahrheit siegt‹ schreiben ließ und daß Dr. Beneš sein liebster Mitarbeiter und Schüler war!

Ich als eine ehrliche Demokratin halte es für meine menschliche Pflicht, Ihnen, Herr Kanzler, diese Worte im festen Glauben zu schreiben, daß auch gegen eine militärische Übermacht stets die ›Wahrheit siegt‹.

F. F. Plamínková, Senatorin der ČSR«

IM SOMMER 1939, nach der Okkupation von Böhmen und Mähren, fuhr Plaminkova zu einem internationalen Frauenkongreß nach Skandinavien. Freunde baten sie, nicht mehr zurückzukehren. Sie erklärte aber entschieden:

»Ich bin gegen die Emigration in dieser Zeit. Heute kann man draußen nichts tun. Und hier muß man die Menschen zusammenhalten.« Sie kehrte zum Ende des Sommers zurück. Beim Ausbruch des Krieges am 1. September 1939 wurde sie von den Deutschen zum ersten Mal verhaftet, nach ein paar Wochen jedoch wieder freigelassen.

Sie arbeitete weiterhin im Nationalen Frauenrat, und ihre Tätigkeit konzentrierte sich auf die Stärkung des nationalen Bewußtseins. Der Nationale Frauenrat organisierte gemeinsam mit der Božena-Němcová-Gesellschaft, um die sich Frantiska Plaminkova einst durch die Gründungsinitiative und die Arbeit an Statuten und Programm verdient gemacht hatte, ein literarisches Seminar über tschechische Schriftstellerinnen des 19. Jahrhunderts; eine weitere Veranstaltung trug den Titel »Die Schönheit der tschechischen Sprache«; sie diente der Stärkung des nationalen Selbstbewußtseins. Ein Seminar über die Grundlagen der Weltreligionen konnte Františka Plamínková in dieser Zeit der Unfreiheit noch vorbereiten, doch kam es nicht mehr zur Realisierung.

Am 11. Juni 1942, in einer Zeit brutaler Repressalien nach dem Attentat auf Heydrich, wurde sie zum zweiten Mal von der Gestapo verhaftet und drei Tagen später in die »Kleine Festung« nach Theresienstadt deportiert. Dort traf sie mit Milada Horáková, ihrer Mitarbeiterin aus dem Nationalen Frauenrat, zusammen, die bereit seit zwei Jahren interniert war.

Milada Horáková erinnerte sich nach dem Krieg an die zwei Wochen, die sie gemeinsam mit Františka Plamínková in Theresienstadt verbracht hat: Beim Kartoffelschälen für die Gestapoküche in einem dunklen und vergitterten Flur zwischen zwei Zellen oder wenn sie bei der Arbeit auf dem Feld unbeobachtet waren, fanden sie manche Möglichkeit, heimlich miteinander über politische Ereignisse, die Widerstandsarbeit und den Nationalen Frauenrat zu reden. »Hoffentlich werden meine Töchter die Arbeit nicht aufgeben«, sagte Františka Plamínková immer wieder.

Nach vierzehn Tagen in Theresienstadt wurde sie von der Aufsichtsbeamtin aufgefordert, ihre Sachen zu packen und sich auf den Abmarsch vorzubereiten. Františka Plamínková ging mit einem für sie typischen, stolz erhobenen Kopf und festem Blick. Sie wurde von dem Direktor des Pankrác-Gefängnisses, dem Gestapobeamten Soppa, in seinem Privatwagen nach Prag gebracht. Auf diese Weise beförderte er stets die zum Tode Verurteilten. Am 30. Juni 1942 abends wurde die Senatorin Plamínková erschossen.

Als Freunde sie einmal überreden wollten, sich von einer Bildhauerin portraitieren zu lassen, erwiderte sie. »Ich will nicht, daß so etwas mich überdauert. Von mir wird nicht einmal die Asche übrigbleiben, nur meine Arbeit.« Diese Worte sind mit ihrer Hinrichtung auf paradoxe Weise in Erfüllung gegangen.

Brigitte Siebrasse
Djuna Barnes

Als Djuna Barnes 1982 starb, war sie – eine der faszinierendsten Frauen der zwanziger Jahre – beinahe vergessen. Ihre letzten Lebensjahre hatte sie scheu und vollkommen zurückgezogen in ihrem New Yorker Appartement verbracht. Was man in früheren Jahren an ihr geschätzt hatte – Unbestechlichkeit im Denken, Witz, Humor und eine atemberaubende Schlagfertigkeit –, schien ihr im Alter abhanden gekommen zu sein. Brigitte Siebrasse porträtierte die große amerikanische Dichterin, deren Werk immer nur ein Geheimtip für eine kleine Gruppe von »Insidern«, Theaterleuten und Literaturliebhabern blieb.

ES GIBT EIGENTLICH NICHTS, was man Djuna Barnes nicht übelgenommen hätte: die Wahl ihrer Themen, ihren Stil, ihren Pessimismus, ihre mangelnde Kooperationsbereitschaft, ihre Anmaßung, ein »Einzelfall« sein zu wollen, frei von dem Bedürfnis, irgendwo zuhause zu sein – literarisch, künstlerisch, gesellschaftlich und politisch. Dabei hatte sie alle Voraussetzungen für eine ungewöhnliche Karriere gehabt: sie war klug, witzig, begabt und attraktiv. Aber in ihrem kompromißlosen Anspruch, nur sich selbst zu gefallen und verpflichtet zu sein, ließ sie sich von niemanden vereinnahmen und entwand sich erfolgreich allen Kategorisierungs- und Vermarktungsversuchen. »Ich habe nichts zu sagen und will es auch nicht sagen«, war einer ihrer Standardsätze.

Als die 21jährige Djuna Barnes in den Kreisen der New Yorker Bohème auftauchte, hatte sie eine Kindheit hinter sich, die es ihr ersparte, gegen eine kleinbürgerliche Vergangenheit zu rebellieren. Ihr Problem war eher, in einer Familie aufgewachsen zu sein, die sich durch ein Übermaß an Unkonventionalität und Originalität auszeichnete. Väterlicherseits war die Familie bereits seit dem 17. Jahrhundert an der Ostküste der USA ansässig. Die Großmutter Zadel war eine gebildete ehemalige Suffragette und Gelegenheitsjournalistin, Gegnerin der Sklaverei. Sie hatte in jungen Jahren Europa bereist und zu Zeiten der Präraffaeliten in London einen literarischen Salon, der auch von Oscar Wilde besucht wurde. Djunas Mutter war Engländerin, stammte aus großbürgerlichem Elternhaus und hatte in London an einem Konservatorium Violine studiert.

Die Familie bestand, den exklusiven Bedürfnissen des exzentrischen Vaters gemäß, aus Frau und Nebenfrau und fünf ehelichen und zwei unehelichen Kindern und lebte auf einer selbsterrichteten und bewirtschafteten Farm auf Long Island im Staate New York. Die Kinder wurden gegen den massiven Widerstand der amerikanischen Behörden von öffentlichen Schulen ferngehalten, weil der Vater überzeugt war, »school kills genius«. Djuna Barnes erhielt eine Erziehung, die mehr in der Mantik gründete als im Logos. So war sie mit den literarischen Traditionen, den neuen

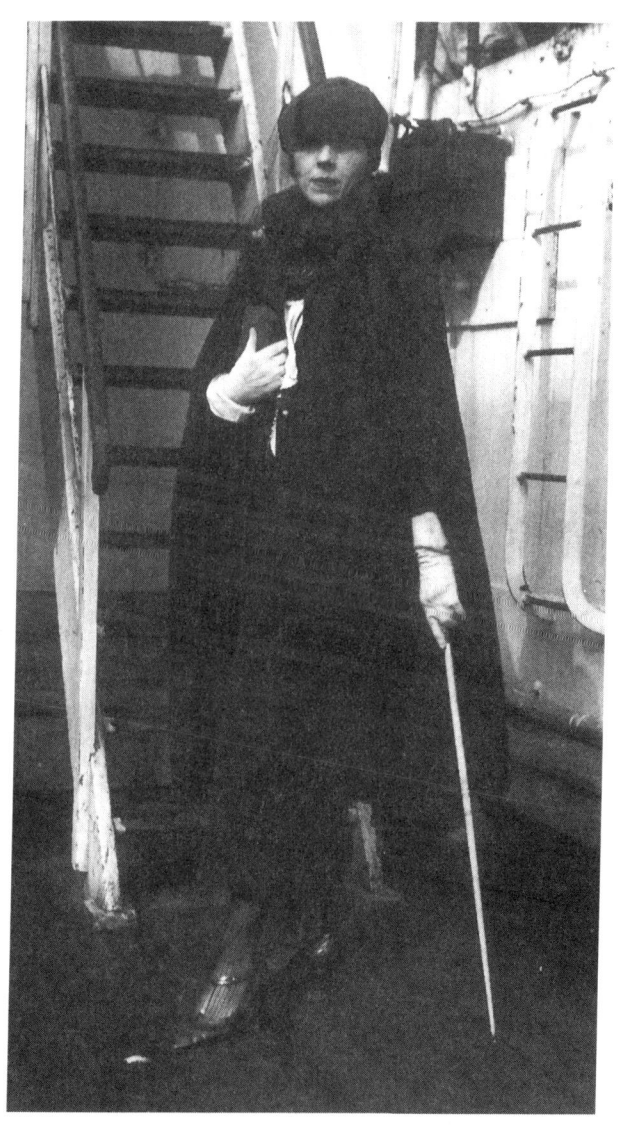

Djuna Barnes

Experimenten der modernen Poesie und der Bibel gleichermaßen vertraut. Es wurde musiziert und gemalt, und
Vater Barnes versuchte sich zusätzlich als Lyriker, Opern-
komponist und Schriftsteller, der sein eigenes ›Credo‹
verfaßte, worin er seine anarchischen Ideale darlegte.

Diese Kindheit war alles andere als eine Idylle, sondern
eher dazu angetan, aus Djuna Barnes einen Menschen zu
machen, der im guten wie im schlechten Sinn aufs Leben
vorbereitet war. In dem 1928 erschienenen Roman *Ryder*
gibt Djuna Barnes ein böses und amüsantes Portrait der
Barnes'schen Familiensaga mit all ihren Verstrickungen. An
einer Stelle des Romans läßt Djuna Barnes ihren Vater
(Wendell Ryder) ein Portrait ihrer selbst als jungem Mädchen geben:

»Ich töte mein Vieh selbst, pökle es und räuchere es auch
selbst. Zuerst konnte meine Tochter – sie ist ein vortreffli-
ches Mädchen – den Anblick von Blut nicht ertragen. Sie
warf sich deshalb unruhig im Schlaf hin und her. Aber nun
hat sie sich beruhigt. Ihre Fußknöchel und Handgelenke
sind kräftiger geworden. Ihr Haar ist reich und blond.
Meine Tochter ist wie ein griechischer Schrecken, einfach
und großartig. Ihr blasses Gesicht mit den weit auseinan-
derliegenden, unberechenbaren Augen ist das eines Kindes, das in einem Massaker gezeugt und von der Guillotine
genährt wurde. Mit anderen Worten, von nun an kann sie
ruhig leben. Wer kann das schon von sich behaupten?«

IN NEW YORK stieg Djuna Barnes innerhalb eines Jahres
zu einer der renommiertesten Journalistinnen auf, die in
fast allen New Yorker Zeitschriften und Literaturmaga-

zinen publizierte: Kolumnen, Essays, Reportagen, Prominentenportraits und Theaterkritiken, oft mit eigenen Illustrationen versehen, die den Charme und die Pointenhaftigkeit von Beardsley-Zeichnungen hatten, sowie Gedichte, Kurzgeschichten und Einakter. Nebenher versuchte sie sich als Gelegenheitsschauspielerin an New Yorker Avantgarde-Bühnen; wie beispielsweise an Eugene O'Neills legendärem Provincetown Playhouse.

Djuna Barnes schrieb über alles und jeden und das mit witziger Eleganz und Respektlosigkeit in einer eigenwilligen Sprache, die gelegentlich auch melancholische Untertöne hatte; schon mal altklug, aber nie verkniffen-moralisch. Dafür wimmelt es nur so von intelligenten Gemeinheiten. Sie schrieb blasphemische Artikel, in denen sie eitlen Selbstmörderinnen »die feine Art zu sterben« beizubringen versuchte, ein Pamphlet über Naturfreaks (»Gegen Natur«) – das mit dem Satz beginnt: »Ich hasse Natur. Natur und Schlichtheit. Das war immer so und ich spüre, es wird immer so bleiben« – und albern-veralbernde Artikel: zum Beispiel über die Gorilla-Dame Dinah, die Djuna Barnes 1914 für ein Magazinfoto umarmen mußte und in dem sie die Umarmung »irgendwie unpersönlich und unangemessen« (fand) und doch eigenartig angenehm. Etwa vergleichbar mit dem Gefühl, von einem Gartenschlauch umschlungen zu werden«.

Sie machte sich auch über die Art der Suffragettenauftritte lustig und beschrieb beispielsweise eine Veranstaltung, auf der die Kämpferinnen die schwergewichtige Frage, ob sie denn nun Fliegerinnen werden sollen oder nicht, diskutierten. Bemerkenswert fand Djuna Barnes weniger die Abstimmungsergebnisse als die Tatsache, daß bei einem

anschließenden Spendenaufruf 1 Dollar 50 Cents für die
Bewegungskasse zusammenkamen.

1922 GING DJUNA BARNES als Auslandskorrespon-
dentin u. a. für *Vanity Fair* nach Paris und verkehrte dort in
den Kreisen um Robert McAlmon und Natalie Clifford
Barney; außerdem gehörte sie zu den wenigen Personen,
die gute Kontakte zu Joyce unterhielten. Von ihrem An-
kunftsjahr in Paris ist ihr Ausspruch überliefert: »Ich kam
der Kultur wegen nach Paris. Soll dies etwa Kultur sein?«
1922 erschien ihr erstes Buch, das den lakonischen Titel
A Book trug und eine Sammlung bisher bereits veröffent-
lichter Gedichte, Kurzgeschichten und Einakter enthielt,
die sie zum Teil mit eigenen Illustrationen versah. *A Book*
verhalf ihr dazu, ihren Ruf als eine ernstzunehmende
Künstlerin zu festigen. Zwar gab es immer wieder Kritiker,
die sich an der »Dekadenz« des Buches stießen und folger-
ten, daß so etwas doch wohl nur Leute mit einer morbiden
Neugier lesen mögen. Aber es gab auch Stimmen, die
schrieben: »Djuna Barnes verschont uns mit der Pseudo-
Bohémien-Atmosphäre der Village-Teestuben. Dafür gibt
sie uns etwas von dem intensiveren, ernsteren und vitale-
ren Bohémienismus eines sensiblen Individuums.«
Wie ernst die Journalistin Djuna Barnes ihren Beruf nahm,
zeigt ein Artikel von 1914, für den sie sich, um das
Dilemma inhaftierter Suffragetten hautnah beschreiben
und anprangern zu können, zwangsernähren ließ.
»Wenn schon ich, die ich eine gespielte Rolle auf mich
nahm, an Leib und Seele darüber brannte, wie banal ich
meiner eigenen Körperfunktion beraubt wurde, welche

Flamme des Zorns müssen da erst diejenigen gefühlt
haben, die diese Qual in Ihrem ganzen Schrecken erlitten,
und deren Kampfgeist man bis in die letzten Zufluchts-
winkel gewaltsam verfolgt hat? In meinem hysterischen
Zustand sah ich hunderte Frauen vor mir, in abscheulichen
Gefängnisspitälern auf Tische wie den meinen gebunden
und in Laken gehüllt, im Polizeigriff stumpfsinniger
Wärter, während Ärzte in weißen Kitteln ihnen Gummi-
schläuche in das zarte Gewebe der Nasenhöhle trieben und
ihren hilflosen Körpern den rohen Brennstoff aufzwangen,
der das Leben, das sie opfern wollten, verlängern sollte.«

ES EXISTIERTEN GERÜCHTE, daß Djuna Barnes in
ihrer Greenwich Village-Zeit mit einem Kollegen, mit dem
sie mehrere Jahre zusammenlebte, auch bürgerlich verheiratet war. Djuna Barnes selber hat dies allerdings demen-
tiert. In den Memoiren ihrer Zeitgenossen erscheint sie ab
und zu als die Geliebte von Bohémiens, die sich zu Recht
oder Unrecht mit ihr dekorieren. Nie verleugnet hat sie die
Beziehung zu einer sehr viel jüngeren, knabenhaft-schö-
nen amerikanischen Bildhauerin, Thelma Wood, mit der sie
ab 1921 mit Unterbrechungen neun Jahre liiert war und
zusammenlebte und die sie mit Männern und Frauen be-
trog und schließlich wegen einer anderen Frau verließ.
Thelma Wood war Djuna Barnes' qualvolle große Liebe,
der sie in den dreißiger Jahren, als die Beziehung zuende
war, in *Nightwood (Nachtgewächs)* als ihrer »Sehnsucht auf
dem Irrweg« ein Denkmal setzte.
Während des ersten Weltkrieges begann Djuna Barnes,
James Joyce zu lesen, und machte den zehn Jahre älteren

großen Iren seitdem zum Prüfstein und Beziehungspunkt
ihrer eigenen literarischen Ansprüche. Wie förderlich die
Herausforderung Joyce für sie war, bewies sie mit ihrem
1928 erschienenen Bestseller *Ryder* und dem im gleichen
Jahr beim französischen *Ulysses*-Verleger anonym und privat finanzierten *Ladies Almanach*. In beiden Büchern er-
weist sie sich als Meisterin der »ernsten Parodie«, die mühelos die verschiedensten Literaturgattungen und Stilrich-
tungen verwertet und persifliert.

MIT DEM ENDE ihrer Liebesbeziehung verläßt Djuna
Barnes Paris. Sie veröffentlicht kaum noch in Zeitschriften
und schließt sich der Gruppe um Peggy Guggenheim an,
mit deren finanzieller Unterstützung sie in Südfrankreich,
Nordafrika und England ihren stärksten Roman, *Nachtgewächs*, schrieb. In ihm erzählt Djuna Barnes die Geschichte der »Lost Generation« als eine tragische Farce, in
der in Form eines makabren Requiems alle »ewigen Wahr-
heiten« ad absurdum geführt werden. Der Leser macht
gleichzeitig visuelle, musikalische, theatralische und poetische Erfahrungen, etwa dergestalt, als säße man bei der
Lektüre gleichzeitig im Kino, in der Oper oder im Theater.
Eliot mag ähnliches empfunden haben, als er in seinem
Vorwort zu *Nachtgewächs* schrieb: »Mir fällt keine Gestalt
aus dem Buch ein, die nicht in Gedanken weiterlebt.«

1940 VERLIESS DJUNA BARNES, sozusagen mit dem
letzten Flugzeug, das im Krieg liegende Europa. Seitdem
lebte sie in fast völliger Abgeschiedenheit, verbittert und

verarmt, in einem kleinen Apartment in Greenwich Village. Immer wieder kam das Gerücht auf, sie sei gestorben. Nur ein einziges Mal, 1941, veröffentlichte sie einen Artikel, einen autobiographischen Essay, über ihre Pariser Zeit: »Lament for the Left Bank« (Lamento für das Linke Ufer). 1943 zeigte Peggy Guggenheim in New York Zeichnungen und Gemälde von Djuna Barnes.

Die Ursache ihres völligen Rückzugs vom gesellschaftlichen Leben beschreibt sie in ihrem letzten Interview, das sie 1971 der *New York Times* gegeben hat:

»Es war alles so sehr, sehr verzweifelt. Vor Jahren war ich ständig mit Leuten zusammen, mußte ich ja, denn ich war ja auch ein Zeitungsmensch. Und immer war ich der Mittelpunkt jeder Party. Ich war halt ziemlich witzig und albern und geistreich und all das Zeug und verplemperte eine Menge Zeit. Ich wurde meist von Leuten eingeladen, die sagten: ›Holt doch die Djuna zum Essen dazu, die ist so amüsant!‹ Also machte ich Schluß damit.«

IN DIESER SELBSTGEWÄHLTEN Abgeschiedenheit entstand ihr Alterswerk, das Versdrama *Antiphon*, das zweifelsohne ihr schwierigstes und komplexestes Werk ist und das gleichzeitig ihre soziale Isolation als Stilelement mittransportiert. In *Antiphon* radikalisiert Djuna Barnes die sich bereits in *Nachtgewächs* abzeichnende Depersonalisierung des Ausdrucks. Auf niederer und höherer sprachlicher Ebene präsentiert Djuna Barnes einen teils makaberobszönen Humor neben tragischer Eloquenz und verteilt ihn auf die sechs Protagonisten. Inhaltlich geht es um ein Thema von einzigartiger subversiver Ästhetik: Menschenruinen, vom Alter und ihren psychischen Deformationen gezeichnet, treffen sich auf den vom (zweiten Welt-)Krieg zerstörten Familiensitz ihrer Kindheit, um den Konflikt zuendezuführen, der bereits bei der Geburt begonnen hatte. Wie alle Hauptwerke Djuna Barnes ist *Antiphon* autobiographisch. In *Antiphon* wird die Geschichte von *Ryder* wiederaufgegriffen und aus der Perspektive des Alters erzählt. Daß *Antiphon* allen hartnäckigen Gerüchten zum Trotz spielbar ist, und ein Theaterereignis ersten Ranges, hat 1961 das Königliche Dramatische Theater in Stockholm bewiesen, das die Übersetzung des damaligen Uno-Generalsekretärs Dag Hammarskjöld spielte.

DIE LEGENDENBILDUNG um Djuna Barnes nahm mit ihrer selbstgewählten Isolation natürlich zu. Aus Gesprächen mit engen Vertrauten Djuna Barnes' sowie aus ihrer umfangreichen Korrespondenz, die sie 1970 einer Universität in Maryland verkauft hat, geht allerdings hervor, daß Djuna Barnes auch in den Jahren ihres Rückzugs das war, was sie immer gewesen war: eine furchtlose, starke Persönlichkeit. Mit dem Fortschreiten ihres körperlichen Verfalls schien ihr auf Grund der Umstände keine bessere Wahl zu bleiben, als die Rolle der bösen alten Frau zu spielen, dies allerdings meisterhaft und radikal. Ob Verleger, aufdringliche Fans oder ahnungslose Mitmenschen, die ihr zu nahe traten: sie hat nicht wenigen das Fürchten beigebracht.

Eine meiner Lieblingsgeschichten über die alte Djuna Barnes hat sich im Jahre 1963 ereignet, als die Häuser ihrer Gasse, des ›Patchin Place‹, vom Abriß bedroht waren. Auf der Mieterprotestversammlung gab sie das lakonische

Statement ab, daß ihrer Meinung nach ›Patchin Place‹ erhalten bleiben müsse, damit »unsere Jugend« ein Übungsfeld für ihre Raubüberfälle habe.

IN DEN FÜNZIGER JAHREN schrieb die verdiente Joyce-Verlegerin Sylvia Beach in ihren Memoiren über Djuna Barnes:

»Sie war ganz entschieden eine der talentiertesten und meiner Meinung nach faszinierendsten Gestalten der literarischen Welt im Paris der zwanziger Jahre. Trotzdem kommt es mir vor, daß man sie in Büchern der damaligen Zeit nicht entsprechend würdigte.«

Daß Urteile dieser Art immer wieder geäußert wurden und trotzdem folgenlos blieben, mag vor allem darin liegen, daß Djuna Barnes und ihr Werk sich gegen eine »entsprechende Würdigung« sperren. Djuna ist weder die »tolle Schwester von gestern« (ihre Verachtung aller Ideologie ist in ihren Arbeiten unüberhörbar und läßt sie nicht so einfach zur Vorkämpferin für die Belange irgendwelcher Gruppen ausbeuten), noch ist sie Opfer. Ihr Leben eignet sich nicht für sentimentale Verklärungen oder Idealisierungen, weil Djuna Barnes, egal wie groß ihre Not war, immer den Preis zu zahlen bereit war und nie Schuldige gesucht hat. »Seltsam, wie sehr das Leben einem selbst gehört, wenn man es erfunden hat«, schreibt sie in *Nachtgewächs*.

Djuna Barnes starb 1982 in ihrem Apartment in New York, kurz nach ihrem 90. Geburtstag.

Helen Wolff
Hannah Arendt

Mit ihrer Schrift *Über den Ursprung des Totalitarismus*
gelang der Philosophin und Soziologin Hannah Arendt
der Beginn einer glanzvollen akademischen Laufbahn in
Amerika, die sie unter anderem zur ersten Inhaberin des
Lehrstuhls für Philosophie an der Princeton Universität
werden ließ.
Mit den Verlegern Kurt und Helen Wolff verband sie
eine enge Freundschaft, die ihre Wurzeln in der gemeinsamen Erfahrung der Emigration hat, um den Judenverfolgungen des Dritten Reichs zu entgehen. Helen Wolff
erinnerte sich vor einigen Jahren an die Freundin.

DENKT MAN an den unmittelbaren Eindruck, der diese
bedeutende Frau kennzeichnete, so werden Geneigte wie
Mißgünstige gleich reagieren: Ausstrahlung. Es ging von ihr
eine Lebendigkeit aus, der sich niemand entziehen konnte,
eine Zuwendung zum Gegenüber, die keineswegs neutrales
Wohlwollen war, sondern teilnehmendes oder ablehnendes
Auffassen des anderen.
Meine Beziehung zu Hannah Arendt erstreckte sich über
einen Zeitraum von dreißig Jahren, begonnen im geteilten

Schicksal der Emigration aus einer vertrauten alten Kultur in eine verwirrend neue, aus Besitz in mancherlei Form in Besitzlosigkeit – was auch die Identität einschloß. Wir waren im Zustand des Umlernens.

Der erste Kontakt kam über Berufliches. Kurt Wolff, Jacques Schiffrin – der Pariser Verleger und Gründer der *Pléiade* – und in bescheidenerem Maße ich versuchten mit beschränktesten Mitteln in New York einen Verlag aufzubauen. Alle drei hatten wir unser Handwerk praktisch erlernt und ausgeübt. Hannah ihrerseits debütierte. Salman Schocken, Gründer und Inhaber des Schocken-Verlags, hatte sie als Cheflektorin engagiert. (Der Schocken-Verlag hatte als ein geduldeter jüdisch-deutscher Verlag noch unter Hitler in Berlin publiziert, bis die Verpflanzung nach Amerika unumgänglich wurde.)

An Urteilskraft und Qualitätsanspruch war Hannah jedem gewachsen – wie man aber einen Vertrag zu formulieren habe, Absatzmöglichkeiten errechnet oder vielmehr errät, das war ihr neu. Ich erinnere mich an ihre Lernbegier, ihren Wunsch, Lücken zu füllen, und an ihre großen, wahrhaft leuchtenden Augen in dem von Intelligenz und Humor ständig bewegten Gesicht. Neben den praktischen hatte sie auch menschliche Probleme, verursacht durch extremen Temperamentsgegensatz zwischen ihr und dem hochgebildeten, doch exzentrischen Salman Schocken. Ebenso qualitätsbewußt wie sie – was er schon durch sein Engagement einer in diesem Beruf unerfahrenen Frau bewiesen hatte –, er andererseits ebenso zaudernd wie sie rasch entschlossen und ihrem Urteil vertrauend. Die Publikation eines Buches konnte sich endlos hinziehen, weil Schocken, der Perfektionist, sich Nachgedanken (Nachtgedanken?)

Hannah Arendt

über Nuancen im Schriftbild, im Klappentext usw. machte, zu Hannahs und der Autoren Verzweiflung. Dies alles wurde an unserem Stammtisch im »Gran Ticino«, einem italienischen Restaurant im Greenwich Village, laut und lebhaft diskutiert, vornehmlich französisch, der zweiten Heimatsprache der Emigration.

Sonst trafen wir Hannah bei den zwanglosen, doch in großzügigem Rahmen gehaltenen Abendeinladungen bei amerikanischen Mäzenen. Hannah war, nach eigener Aussage und auch manchmal mir ersichtlich, von Haus aus schüchtern – fast unglaublich, wenn man ihren magnetischen Charme bedenkt. (Ihre Hände flatterten, wenn sie, zum Beispiel, im New Yorker Goethehaus einen Vortrag zu halten hatte – unter Studenten war das anders, da war sie frei, heiter, gelöst.) Doch brauchte sie nach der einsamen Konzentration des Denkens in den Abendstunden Entspannung unter Menschen – sie ist dann auch mitten im Gespräch mit Abendgästen den Herztod gestorben.

Sie ging also zu solchen »parties«, fast immer allein, denn ihr Mann, Heinrich Blücher, lehnte solche Veranstaltungen grundsätzlich ab. Sie schloß sich dann gerne in den unbehaglichen ersten Minuten unter Unbekannten den ihr vertrauten Wolffs an, bevor sie eigene Wege suchte. Das gegenseitige Verhältnis wurde rasch persönlicher, man besuchte sich auch zu Hause, und die Herzlichkeit, die weit offenen Arme ihrer Begrüßung, ließen meinen Mann bemerken: »Hannah ist blitzgescheit und die warmherzigste Frau, die ich kenne.«

Damit sind wir beim Thema »Frau«. Sie war gewiß einer der am klarsten denkenden, originellsten Deuter unserer Zeit, ein politisch-philosophischer Kopf ersten Ranges – eine

militante Feministin war sie nicht. Auf die Frage eines
Journalisten, wie sie sich denn als Frau fühle, antwortete sie
blitzschnell: »I am used to it – ich bin daran gewöhnt.« Sie
war mit Männern ebenso befreundet wie mit Frauen, mit
dem Unterschied, daß sie sie mehr bemutterte. Bekannt ist,
daß sie dem berühmten und total verwahrlosten englischen
Dichter Wystan Auden eine an unmöglicher Stelle geplatz-
te Hosennaht stopfte.

Und doch hielt sie Distanz, hörte nie ganz auf, sich als
»Mädchen aus der Fremde« zu fühlen. Ein Rest von einem
ihrer Natur eigentlich fremden Mißtrauen blieb spürbar.
Charakteristisch eine Widmung an uns in ihrem so pole-
misch mißverstandenen Buche *Eichmann in Jerusalem*:
»... denn ich glaube Euch zu kennen.«

UNVERGESSLICH ist ihre Haltung nach dem Tode meines Mannes. Wie niemand sonst aus unserem Freundeskreis
war sie tätig mitfühlend. Aus dem Genie ihres Herzens
wußte sie, was dieser Tod an Trostlosigkeit bedeutete. Sie
bot an, mir eine Wohnung in ihrem Apartmenthaus zu ver-
mitteln, »damit Du Dich mit Freunden unter dem gleichen
Dach nicht so allein fühlst«. Sie hielt ihre schützende Hand
auch über mein Berufsleben, mit wachsamer Hellhörigkeit
für Probleme des überlebenden weibliche Berufspartners.
Zwei meiner stärksten Erinnerungen aus ihrem letzten
Lebensjahr: In ihrem von einem großen Fenster mit herr-
lichem Blick auf den Hudson River hell belichteten Wohn-
und Arbeitsraum schwätzten wir über Verlagspläne. Sie war
unzufrieden mit dem Tempo der amerikanischen Herausgabe von Heideggers Werken und sagte in ihrer spontanen

Art: »Das sollten wir beide jetzt übernehmen.« Ich sagte
nichts und sah sie nur an. Sie verstand sofort: »Du meinst,
dazu sind wir zu alt?« »Ja, das meine ich.« Sie war damals
nahe der Siebzig. Ich auch. Es war ihr Todesjahr.

Zum Schluß meine letzte Begegnung mit ihr, in New York,
in einem kleinen französischen Restaurant. Sie war be-
trächtlich beängstigend verspätet, etwas höchst Ungewöhn-
liches, denn Hannah war die Rücksicht selbst. Als sie endlich hereinkam, entschuldigte sie sich – sie sei auf dem Weg
hingefallen. Es hätte eine Weile gedauert, bis sie soweit war,
sich ein Taxi suchen zu können. Charakteristisch wieder,
daß sie die Verabredung nicht absagte. Doch war sie sonderbar verhalten und nachdenklich.

Plötzlich, während des Essens, legte sie Gabel und Messer
nieder, nachdrücklich, sah mich mit ihren ernstesten Augen
an und sagte: »Wenn du und ich einmal tot sind, weiß dann
überhaupt noch jemand, was Liebe ist?« Ich war so betroffen, daß ich, nach Hause gekommen, diesen Satz sofort
wortwörtlich notierte. Verstanden habe ich ihn erst, auch
durch sie, viele Jahre später. Sie muß an ihre Beziehung zu
Heidegger gedacht haben, deren Unauslöschlichkeit ich
damals gar nicht erfaßte und die mich, heute, an einen
Kierkegaard-Gedanken erinnert, der ihrer Generosität ent-
spricht: »Er (sie) hat das tiefe Geheimnis erfaßt, daß man
auch in der Liebe zu einem anderen Menschen sich selbst
genug sein muß. Was ein anderer tut, kann ihn nicht
stören ...«

Grazia Livi
Simone de Beauvoir

Das Café »Flore« im Pariser Viertel St. Germain des
Près ist heute nur noch Ziel von Touristen aus aller Welt,
die hier vergeblich jene hochgespannte geistige Atmosphäre aus der Entstehungszeit des französischen »Exi-
stentialismus« zu finden hoffen, Nachwehen aus der Zeit,
als Simone de Beauvoir und Sartre jeden Morgen zum
Frühstücken und Arbeiten kamen.
Tatsächlich enstand hier auch Simones Plan zu schreiben. Grazia Livi erzählt, wie es zu der Entscheidung
kam.

ALLES BEGANN IN PARIS, im Mai 1947. Simone de
Beauvoir und Alberto Giacometti saßen im Freien, an
einem Tisch im Café »Flore«. Sie unterhielten sich angeregt.
Es herrschte ein lebhaftes Kommen und Gehen von
Studenten, die Luft war lau und prickelnd, blinkend fuh-
ren Fahrräder vorüber. Plötzlich brach Giacometti mitten
im Satz ab. »Du hast heute einen seltsamen Ausdruck,
irgendwie finster. Ich habe dich noch nie so gesehen. Was
hast du?« Simone lachte. »Ich habe unbändige Lust zu
schreiben. Sie explodiert in mir: ich spüre sie im Kopf, im

Mund, in den Händen, in den Fingern. Aber ich weiß nicht, worüber ich schreiben soll. Darum bin ich so angespannt.« »Schreib, was immer dir einfällt«, schlug Giacometti vor, »setz dich einfach hin und schreib.«

Am selben Abend besuchte Simone wie immer Sartre zu Hause. Es war die Stunde der täglichen Verabredung. Sie bedeutete, seit beinahe zwanzig Jahren, Übereinstimmung, Anpassungsfähigkeit, Vertraulichkeit, leidenschaftliche Auseinandersetzungen. »Notwendige Liebe« nannten sie ihre Verbindung, im Unterschied zu ihren »Nebenlieben«. Seine Ideen flossen in ihrer Gegenwart, von ihrer Aufmerksamkeit angezogen wie von einem Spiegel. Simone gab sie ihm mit Leben erfüllt zurück. Sartre »entsprach genau meinen Wünschen einer Fünfzehnjährigen: Er war mein Doppel, in dem ich, auf die Spitze getrieben, alle meine Manien wiederfand. Mit ihm würde ich alles teilen können.« Sie setzte sich in den gewohnten Sessel, die Haare mit zwei Spangen hinter den Ohren festgesteckt, in grauem Rock und hochgeschlossener Bluse, die schöne Stirn unbewegt, die Lippen leicht nachgezogen. Sie glich einer Hauslehrerin. »Hier ist das Buch«, sagte sie und zog Michel Leiris' *L'âge d'homme* hervor. Sartre nahm es in die Hand. »Wie ist es?« »Es ist schön. Es ist einer jener Essays, in denen jemand, scheinbar grundlos, von sich spricht. Ich möchte auch so gern von mir sprechen! Eine riesige Dokumentation über mein Leben besitzen: das würde mir gefallen.« Sartre rauchte wortlos seine Pfeife. »Allerdings gibt es da ein Problem. Ich müßte damit anfangen, welche Bedeutung es für mich gehabt hat, als Frau geboren zu werden . . . Aber vielleicht auch nicht! Als Frau geboren zu werden war für mich genauso wie als Mann geboren zu werden.« Wirklich? »Aber

Simone de Beauvoir

ja! Niemand hat mir je gesagt ›du bist ein Mädchen, deshalb
steht dir dieses oder jenes nicht zu‹.« Sartre legte die Pfeife
weg: »Ich wäre mir nicht so sicher. Du bist ja nicht wie ein
Junge aufgezogen worden! Es ist wahrscheinlich, daß ein
beträchtlicher Unterschied besteht! Denk darüber nach.«

Bei der Geburt war jeder, was er war
Doch wer wurde dann, was er war? (Garufi)

Sartres Einwand traf ins Schwarze. »Er ist ein Schöpfer von
Ideen, ich nicht. Ich würde meine Freiheit verraten, wenn
ich mich weigerte, seine Überlegenheit anzuerkennen.« Sie
beschloß, das Problem genauer zu untersuchen. Mit
wachen Sinnen beobachtete sie, was um sie herum geschah:
im Autobus, im Café, im Kino, im Geschäft, auf der Straße.
Sie las mit äußerster Aufmerksamkeit. Im Geist registrierte
sie die verschiedenen weiblichen Verhaltensweisen und
vergrößerte sie wie Schatten an der weißen Wand eines
Zimmers. »Es war so sonderbar und anregend, eine Seite
der Welt zu entdecken, die ich nie gesehen habe und die
mir plötzlich ins Auge sprang.«
Sie las noch einmal die Klassiker, unter anderem *Madame
Bovary*. Es war spät in der Nacht, als ihre Verwunderung
den Höhepunkt erreichte. Emma, im heiratsfähigen Alter,
bekommt Besuch von Charles, und der Vater überlegt sich
unterdessen »die Sache gründlich im voraus«. »Er fand ihn
zwar ein wenig schmächtig, und er war jedenfalls nicht ein
Schwiegersohn, so wie er ihn sich gewünscht hätte. Aber er
galt für anständig, sparsam, sehr gelehrt, und zweifellos
würde er sich nicht mit ihm wegen Mitgift herumschlagen.
Nun stand der alte Rouault vor der Notwendigkeit, zwei-

undzwanzig Äcker seines Gutes zu verkaufen. Ferner schuldete er dem Maurer und dem Sattler viel, und der Arm der Kelter mußte neu eingesetzt werden ›Wenn er sie haben will‹, sagte er sich also, ›werde ich sie ihm geben‹.« »Grauenhaft«, dachte Simone. Am Morgen ging sie dann in die Nationalbibliothek. Sie stöberte in den Katalogen, verbrachte selbstvergessene Stunden, in denen die Zeit stillzustehen schien. Wie benommen tauchte sie wieder daraus auf. »Ich hatte eine Erleuchtung gehabt. Die Welt war eine männliche Welt, meine Kindheit war auf die von Männern geschaffenen Mythen gegründet gewesen. Ich hatte auf diese Mythen gewiß nicht wie ein Junge reagiert.« Am selben Abend sprach sie erneut mit Sartre darüber. Die Kraft ihrer Beziehung lag in einem Einverständnis, das sich sofort herstellte, so als betrachteten sie die Welt vom selben Standpunkt. Er mußte sie beruhigen, so entschlossen war sie. Sie wollte nicht mehr ihre eigene Geschichte schreiben, sondern sich mit der Lage der Frau auseinandersetzen. Sofort, ohne weiteren Aufschub. Sie wurde in jenem Jahr neununddreißig: das war ein starkes Alter, das Alter der Herausforderungen und Projekte. Die Recherchen, die sie vor sich auftauchen sah, glichen einem Berg, dennoch schreckte sie nicht davor zurück. Sie würde den Berg bezwingen. Auch wenn sie nur ihr gründliches Studium und ihre lebhafte Intelligenz in der Hand hatte, die mit der männlichen wetteiferte. »Ich bin eine Intellektuelle und messe den Wörtern und der Wahrheit einen absoluten Wert zu.« Seit Jahren hatte sie diese stolze Behauptung auf ihre Fahnen geschrieben. Sie hatte sie für sich in Anspruch genommen und verdiente sie, denn sie war sehr früh eigene Wege gegangen und hatte sich von der Familie, der bürgerlichen Erziehung und von Gott gelöst. Unter dem Sturz Gottes von seinem himmlischen Sockel hatte sie besonders gelitten. Es war geschehen, als sie vierzehn war: die Erfahrung blieb unauslöschlich. »Ich erkannte, daß ich zum Tod verurteilt war. Es war niemand in der Wohnung, und so hielt ich meine Verzweiflung nicht zurück: ich schrie, zerkratzte den roten Teppichboden. Auf einmal schwieg alles: welche Stille! Ich war allein. Allein: zum ersten Mal verstand ich die schreckliche Bedeutung jenes Wortes.« Das Bewußtsein würde – von nun an – Mittelpunkt und Maß aller Dinge sein. Und die Verantwortung, die man auf sich nehmen mußte, würde »einzig eine menschliche« sein, sonst nichts.

So hatte sie sich auf ihr Studium gestürzt, mit all ihrem Selbst. Schon mit einundzwanzig Jahren unterrichtete sie Philosophie in einer Klasse, in der nur Jungen saßen; mit dreiundzwanzig erhielt sie ihren ersten offiziellen Lehrauftrag in einem Gymnasium in Marseille. Dann unterrichtete sie in Rouen, in Paris. Unterdessen schrieb sie. »Schreiben ist immer die große Verpflichtung in meinem Leben gewesen. Die Mystifikationen aufdecken, die Wahrheit sagen ist eines der Ziele, die ich mit meinen Büchern hartnäckig verfolgt habe.« Sie ließ sich voll und ganz auf jede Erfahrung ein und schuf sich ein erfülltes Leben ohne Leerlauf. Sie achtete darauf, nicht in »die weiblichen Fallen« zu gehen. Verliebtheiten, Verführungen, Verirrungen, Hingabe. Wenn dies alles, im Leben, ununterbrochen geschah, mußte die Freiheit das erste und letzte Kriterium sein. Nicht zufällig hatte Sartre gesagt: »Ich hatte eine Frau gefunden, die dem glich, was ich als Mann war.« Und er hatte sie Castor, Biber, genannt wegen ihrer Ausdauer und ihr 1943 eines seiner wichtigsten Bücher gewidmet: *Das Sein und das Nichts*. Castor wiederum hörte niemals auf zu graben und zu bauen, da sie beschlossen hatte, daß sie nichts besaß als ihre Existenz, und deshalb nur über eine einzige mögliche Herausforderung verfügte: »über den Augenblick zu herrschen«.

IN DER BIBLIOTHEK begann Simone, alle verfügbare Literatur genauestens unter die Lupe zu nehmen. Zuerst die Mythologie, die Religionen. Dann bemerkte sie, daß alles vage blieb, wenn es nicht wissenschaftlich verankert wurde. Sie las noch einmal Adler, Mead, Deutsch. Sie studierte erneut die Geschichte. »Ich verdankte meiner Ausbildung an der Universität wirksame Arbeitsmethoden.« Sie nahm noch einmal Marx, Engels, Mill, Freud zur Hand. Sie widerlegte und befürwortete sie im Geiste. Diese stummen Streitgespräche – beim Lesen – begeisterten sie. Zugleich geschahen zwei Dinge: Sie fand sich selbst als Kind und Mädchen wieder, Schnappschüsse aus ihrem Leben, voller Ahnungen, Konflikte, Befürchtungen und Ängste. Und sie begegnete nach und nach den Schwestern, die aus der Vergangenheit auftauchten und die Dunkelheit um ihre Existenz zerrissen, bereit, die Versklavung anzuprangern und Gleichberechtigung zu fordern. Es waren kühne Schwestern, vereinzelte, tragische Gestalten. Olympe de Gouges, Mary Wollstonecraft, Margaret Fuller, Emma Goldmann, Margeret Sanger, Emmelyne Pankhurst ... Mühelos tauchte Simone in das Leben jener Frauen ein, dank eines Merkmals, das sie bescheiden anerkannte: »Der Mangel an Erfindungskraft«. Sie erlebte, zusammen mit ihnen, die

großen Themen der Ausgrenzung und des Fehlens aller
Grundrechte. Als sie sie wieder verließ, war sie soweit,
Schemata und Zusammenfassungen anzufertigen. Sie machte sogar eine Bestandsaufnahme aller Texte, die in England
und Frankreich zum Thema Frau gedruckt worden waren,
so groß war ihr Verlangen, dem Problem auf den Grund zu
gehen. Sie fühlte sich wie eine Ameise, die unbeirrbar das
verstreute Wissen zusammenträgt. Nach einem Jahr – als
alles Material gesammelt war – überblickte sie das ungeheure Ausmaß der Materie. Wie Abstand gewinnen? Sie war
die erste, wirklich die erste, die die Grenzen der Spezia-
lisierung überwand und souverän in die Bereiche vordrang,
die Unbefugten gewöhnlich verschlossen waren. Was würde
man über sie sagen? Daß sie oberflächlich sei? Leichtsinnig?
Daß sie Journalismus mache? Sie war die erste, die es wagte,
Linien zwischen den verschiedenen Wissenschaften zu ziehen – Analogien und Verbindungen –, um zum Kern einer
Gesamtvision vorzudringen. Die Aufgabe war riesig. Und
sie mußte sie sofort, in aller Hitzigkeit in Angriff nehmen.

> Mit der klarsichtigen Kühnheit Alexanders
> den Knoten durchschneiden.
> Ein blauer Hieb mit dem Säbel ohne Gedanken an einen
> Teil oder den anderen oder beide.
> Mit Entschiedenheit. (nach Dell'Agnese)

Dann betrachtete sie das Thema wie ein Magma. »Simones
Beziehung zu sich selbst ist sehr gerecht«, sagte Sartre einmal. »Sie hat eine Art Abstand zu sich . . . eine Spontaneität,
die sich in dem Maß dem anderen zuwendet, in dem sie mit
sich selbst frei ist. Wenn es sich um Wüste handelt, wird sie

die Wüste fühlen.« Das war es, mit wachsender Angst fühlte Simone de Beauvoir die Wüste. Die Wahrheit, die ihr anfangs eine Leere wie kurz vor einem Schwindelanfall verursachte, war, daß sie die Frau nicht fand. Abwesenheit. Ausschluß. Verbannung. Gefangenschaft. Warum nur? Lange diskutierte sie mit Sartre darüber. Sie fand sie nicht, weil es sie nicht gab, ganz einfach. Es hatte sie überhaupt nie gegeben. Die philosophische Formulierung dieser Abwesenheit kam ihr blitzartig, radikal. »Die Frau wird bestimmt und unterschieden in bezug auf den Mann, nicht der Mann in bezug auf sie. Sie ist das Unwesentliche gegenüber dem Wesentlichen. Er ist das Subjekt, das Absolute.« Einerseits war sie angetan von dieser Entdeckung, die unwiderlegbar dastand, fast wie ein Dogma, andererseits war sie verstört: Sie mußte alles allein behaupten. Sich exponieren wie nie zuvor. Deshalb überkamen sie viele Versuchungen: abzuwiegeln, zu rechtfertigen, aufzuschieben. Bis sie beschloß, sich an ein einziges Kriterium zu halten: »Die Wahrheit sagen, brutal, ohne Kommentar.« Sie konnte das, denn sie war, im Gegensatz zu anderen Frauen, tief in einem Boden verwurzelt. Sie hatte eine Zugehörigkeit und einen Glauben. Sie gehörte zur Kategorie der emanzipierten Frauen, zur französischen Kultur, zu der Zeitschrift *Temps modernes*. Sie glaubte an die universelle Aufgabe des Intellektuellen, »dessen Bestreben es ist, Formeln aufzustellen« (Sartre). Sie vertraute auf die Literatur als »Zeugnis der Wahrheit« und als Mittel, der Gesellschaft »ein unruhiges Gewissen« zu verursachen. Darüber hinaus bot sich ihr, als Schutz und als Stütze, Sartre an, der Zwilling, »dessen Brüderlichkeit unsere Leben zu einem zusammengeschweißt hat«.

SIE DRANG ALSO von zwei Seiten in das Magma vor: mit
der Arbeitsmethode, die sie sich im Studium angeeignet
hatte, und dem Rüstzeug der existentialistischen Philosophie. Mit diesen beiden Instrumenten grenzte sie es ein
und steckte eine Trennungslinie ab: auf der einen Seite das
Subjekt, auf der anderen die Frau. Doch sie konnte sie nicht
Frau nennen, diese Bezeichnung war schwach im Vergleich
zu der erlittenen Entstellung. Sie mußte sie die Andere nennen. Ja, die Andere. Sie hatte jene Rolle gehabt und war
darin geblieben, festgelegt auf eine Funktion der
Spiegelung und des Objekts. Die Freiheit war ihr von Anfang an verwehrt, weil der Mann, dessen Bewußtsein »wesentlich und souverän« im Mittelpunkt stand, die ganze
Transzendenz für sich beanspruchte. Der Frau war ein kleines konkretes Reich zugewiesen worden. Dort wohnte sie,
ohne Großes hervorzubringen: weder Gedanken noch Werke, noch Unternehmungen. Die Immanenz überschwemm-
te sie ganz, von Kopf bis Fuß. Sie nagelte sie im Haus fest,
auf Pflege und Versorgung. Sie konnte höchstens, von Un-
ruhe oder einem Wunsch erfaßt, in den Garten hinunter-
gehen und über die Einfriedungsmauer spähen. Was er-
blickte sie? Den Herrn mit anderen Herren, den Herrscher
mit anderen Herrschern. Er kämpfte für Sachen und Uto-
pien, er errichtete Mauern, erließ Gesetze, stellte Grundsätze auf. Kehrte er dann lärmend heim, hielt er die Rechte
in der Hand. Ihr kam es zu, sie aufzunehmen und zu ordnen. Es waren ihre Pflichten. Warum? Weil sie die Komplementarität verkörperte. So war es bestimmt worden.
Diese Komplementarität war ihr zugewiesen worden, von
Anfang an, so wie jemandem ein Gewand zugewiesen wird.
Fügsamkeit, Anpassungsfähigkeit, Altruismus, Schweigen:

Das waren die Eigenschaften, die dazugehörten. Früher hatte man sie mit einem einzigen Wort bezeichnet: Weiblichkeit. Und sie hatte es akzeptiert. Sie deckte ihre eigene Entstellung. Nicht nur. Sie hatte sich angepaßt und betonte so ihre Unterwerfung unter jene geräuschvolle Herrschaft.

Welche Form nachahmen, um dein geheißen zu werden? Das Knie? Den Kopf? Den Fuß im Gummischuh?

Oder die lose Hand, die ein wenig zittert, wenn ich mit dir spreche?

Welcher Teil deines Körpers sein, um endlich Teil von dir zu sein? (nach Frabotta)

Schon nach wenigen Monaten unterteilte Simone de Beauvoir die gesamte Materie in verschiedene Kapitel. Dann begann sie mit Elan zu schreiben. Sie hatte einen deskriptiven Stil gewählt, trocken, luzide, der Wahrheit verpflichtet. Es war der Stil der Vernunft. Sie achtete streng darauf, daß er nicht in die Emphase oder Inkonsistenz abdriftete. Sie zügelte das Gefühl.
Sie zwang sich, das rasche Tempo nicht zu verlangsamen. Jede Seite mußte vollkommen mit der vorherigen im Einklang stehen: präzise Sätze, genaue Interpunktion, strenge, eckige Sprache. Der Eindruck war, als hätte sie das Thema wieder und wieder durchgepflügt und durchdacht, man konnte die geistige Arbeit fast bildlich vor sich sehen. Und schnurgerade wie Ackerfurchen breitete sie das neu fundierte Wissen nun in symmetrischen Linien aus.
In Wahrheit empfand Simone eine wachsende Verwunderung: Sie hatte sich niemals vorgestellt, daß sich, auf der geschriebenen Seite, eine solche Ungleichheit abzeichnen

könnte. Und daß diese, in ihren Augen, eine historisch so
schwerwiegende Bedeutung annehmen könnte: Die Ungleichheit war den Frauen als natürliches Schicksal aufge-
zwungen worden. Daher teilte sie Sartre jeden Abend aufgeregt, mit angespannten Nerven ihre Eindrücke mit. Sartre
wiederum spornte sie an, die Arbeit rasch zu Ende zu bringen: Was sie in der Hand hatte, war gleichzeitig Enthüllung
und Anklage. Bis sich, nach Fertigstellung des ersten Bandes, beiden das Problem des Titels stellte. Was sollte man
dem Verleger vorschlagen? »Ich dachte mit Sartre zusammen lange darüber nach. Ariadne, Melusine: diese Art Titel
ging nicht, weil ich die Mythen ablehnte. Ich dachte an: die
Andere, die Zweite, aber die waren schon vergeben. Eines
Abends verbrachten wir in meinem Zimmer Stunden damit,
Wörter hinzuwerfen, Sartre, Bost und ich. Ich schlug vor:
›Das andere Geschlecht‹? Nein, nein. Jemand anders empfahl einen einfacheren Titel: ›Die Frauen‹.« Sie lehnte ab. Er
war nicht zutreffend, berührte nicht den Kern der Frauenfrage, den Skandal, der sich darin eingenistet hatte. Die
Freunde beharrten dennoch darauf: »Die Frauen« konnte
gehen. Es gab einen Augenblick großer Spannung. Simone
erhob sich, als wollte sie den Raum verlassen. »Die Frau?
Aber wo ist sie denn?« schrie sie fast, schon an der Tür. »Die
haben sie doch erfunden!«
Jener unterdrückte Schrei findet sich in der ersten Ausgabe
des ersten Bandes auf Seite zweihundertfünfundneunzig.
Dort heißt es: »Sie haben sie erfunden. Doch es gibt sie dennoch, auch ohne ihre Erfindung. Und deshalb ist die Frau
eine Verkörperung jenes Traums und zugleich sein Scheitern.« Beobachten wir sie also. Wie ist sie? Oder besser: Wer
ist sie, als Scheitern? Sie ist ein vom Weg abgekommenes,

unruhiges Geschöpf, ist »ein Mittelding zwischen Mann und Kastrat«. Sie will und will nicht, ist neidisch, verbringt ihre Zeit damit, den Werten einer Welt nachzulaufen, die ihr nicht gleicht und die ihr nicht gehört. Und als Verkörperung des Traums ihres Herrn und Gebieters, wer ist sie da? Da ist sie eine recht ängstliche Figur, betrachtet sich in einem Spiegel, der nicht der ihre ist. Der Halbgott hat ihn ihr geliehen. Sie schweigt, wenn er zugegen ist. Sie wartet, bis ihr die Zustimmung zugeworfen wird wie eine Blume, hoch oben von einem Turm herunter. So wird sie endlich Zutritt zu seinen Gemächern haben. Lauschen. Ihn versorgen. Ihn umrunden. »Schau mich an!« haucht sie plötzlich bebend. Doch er, ganz von einem Gedanken in Anspruch genommen, hat nichts gehört. »Schau mich an!« beharrt sie mit lauter Stimme. Er wirft ihr einen Blick zu, hat aber keine Zeit, er muß sich für einen neuen Streifzug in die Welt vorbereiten. »Gib mir die Schuhe«, befiehlt er ihr. »Hier sind die Schuhe.« Er zieht sie an. »Und der Gürtel?« Sie reicht ihm den Gürtel. »Und der Mantel?« Er steht nun, unumstößlich, hoch aufgerichtet auf den Grundmauern seines Selbst. »Ich gehe. Denk daran, alle Fenster fest zu schließen.« »Ich werde es tun, zweifle nicht.« »Bleib im Haus !« ruft er ihr zu, bevor er die Tür hinter sich zuschlägt. »Ich werde im Haus bleiben«, verspricht sie, auf der Schwelle. »Doch ist es überhaupt ein Haus?« fragt sie sich gleich danach, besorgt wegen jenes Gedankens, der alles durcheinanderbringt. Nein, es ist kein Haus. Es ist eine Reihe von Entbehrungen, eine Wüste. Manchmal ist es eine Hölle. »Jedes Geschöpf stürzt in diese Hölle, wenn es sein Ich vernichtet und auf das im Blick des anderen gespiegelte Bild reduziert« (Sartre).

DREISSIG JAHRE SPÄTER schrieb Simone de Beauvoir, keine Arbeit habe sie je so begeistert wie diese Un-
tersuchung. Sie hat unterdessen auch den passenden Titel
gefunden: *Le deuxième sexe*. Sie hat den ersten Band dem
Verleger übergeben.

Ihre spitze Waffe
verlangt keinen Blick
so treffsicher ist sie
so exemplarisch der Schlag.
Sie achtet nicht auf die Stunde und die Gelegenheit.
Von der Anklage fordert sie ihr Ergebnis. (nach Bischop)

Man muß sich fragen: Wer hätte eine solche Aufgabe bewältigen können, wenn es sie nicht gegeben hätte? Niemand.
Es gab keine andere, die ebenso fähig war. Vor allem wegen
ihrer Charakterstärke. »Im Grunde habe ich nie Unter-
legenheitsgefühle empfunden. Meine Weiblichkeit hat
mich nie gestört.« Wegen ihrer Bildung, die sie früh zu einer
herausragenden Figur machte. »Die Anerkennung der
Männer erfolgte unmittelbar: Ich war die außergewöhnliche Frau. Ich habe es akzeptiert.« Wegen ihrer Fähigkeit
auszuwählen. »Ich bin immer für selbstgewählte Beziehungen und gegen aufgezwungene Beziehungen gewesen.«
Wegen ihrer Aversion gegen Bindungen: keine Ehe, keine
Kinder. »Ein Kind hätte gewiß die Bindung nicht verstärkt,
die Sartre und mich zusammenhielt, ich wünschte mir keineswegs, daß Sartres Sein sich im Sein eines anderen spie-
gelte und verlängerte: Er genügte sich und genügte mir. Ich
genügte mir.« Wegen ihrer Ablehnung allzu leidenschaftlicher Gefühle. Liebesbeziehungen, ja, doch am Rand des

intellektuellen Engagements. Auch die Beziehung zu Nelson Algren, ihrer größten Liebe. Irgendwann »blieb nichts mehr übrig, als sie auszulöschen, ich löschte«. Wegen ihrer Leidenschaft für das Wahre. Niemals Kompromisse, niemals Lügen. »Einzig die Wahrheit kann interessieren und nützen.« Immer gleichen Abstand halten und den Wörtern Wert, höchsten Wert beimessen. »Das Wort des engagierten Schriftstellers ist Tat, aufdecken ist verändern« (Sartre).

Und da sie sicher war, eine ungeheure Täuschung aufgedeckt zu haben, ließ sie zu, daß der tausendjährige Damm, der diese Täuschung aufrechterhielt, von alleine brach. Ohne zu ahnen, daß ihre Arbeit einmal als »Universalwerk«, als »Klassiker des Feminismus« bezeichnet werden würde. Im Frieden mit sich selbst. Begierig, ein neues Projekt in Angriff zu nehmen. Die wahre Lage der Frau war ja nun unmißverständlich dargestellt worden und trat auf der geschriebenen Seite außerordentlich klar hervor. Es genügte zu lesen. Und sich zu fragen, wie es geschehen konnte. Ja, das vor allem. Denn wenn es auf der einen Seite Übergriffe und Mißbrauch gegeben hatte, so hatte auf der anderen stillschweigende Duldung geherrscht. Jahrhundertelang hatten die Frauen es akzeptiert, ein zweideutiges Zwischenreich zu bewohnen, zwischen Natur und Kultur. Sie hatten allen Mißverständnissen zugestimmt. Sie hatten aus einem verunstalteten Bild ihre eigene weibliche Physiognomie gemacht. Diese Physiognomie war wie ein weiter Mantel. Er deckte alles zu. Doch wie waren sie unter diesem Mantel? Und in ihren Zimmern? In ihren Höfen? Warum hatten sie sich immer nur als einzelne aufgelehnt? Nie in der Masse?

Weil sie an den zarten Körpern hingen
und wegen des andauernden Traums
von miteinander geteilten Worten. (Lang)

Welche Schwäche oder Macht verbarg sich dahinter?

Alice Walker
Flannery O' Connor

Alice Walker, schwarze amerikanische Schriftstellerin aus den Südstaaten, mit leidenschaftlicher Sympathie für die Erniedrigten und Beleidigten, begegnet Flannery O'Connor, weiße Schriftstellerin aus den Südstaaten, die bereits 1964, nur 39jährig, verstarb. Zehn Jahre nach dem Tod von Flannery kommt es zu einem Wiedersehen mit der Vergangenheit. Alice Walker besucht das Haus ihrer Kindheit und das der gleichermaßen bewunderten wie verachteten Kollegin in unmittelbarer Nachbarschaft.

ICH HATTE an einem College gelesen, an dem die Rassentrennung erst kürzlich abgeschafft worden war. Und jemand machte mich darauf aufmerksam, daß Flannery O'Connor im Jahre 1952 ganz in unserer Nähe gelebt hatte – nur ein paar Minuten weiter an der Landstraße von Eatonton nach Milledgeville, wo auch wir wohnten. Ich war damals acht Jahre alt (sie mochte achtundzwanzig sein), und kaum ein Jahr später zogen wir fort von Milledgeville. In meiner Jugend habe ich ihre Bücher sehr geliebt, und darum faszinierte mich dieser Zufall – und jetzt kreisten meine Gedanken wieder öfter um sie.

Am College, in den sechziger Jahren, hatte ich ihre Bücher mit Begeisterung gelesen. Die großen Unterschiede, die zwischen ihrer rassischen und ökonomischen Situation und der meinen bestanden, waren mir kaum bewußt geworden. Dann aber hatte ich ihre Bücher wütend beiseite gestellt. Denn während ich O'Connor las, die weiße, katholische Südstaatlerin, gab es andere Schriftstellerinnen – etliche aus den Südstaaten, etliche religiös, aber allesamt Schwarze –, die ich nicht einmal hatte kennenlernen dürfen. Lange Jahre, während ich nach den Werken schwarzer Autorinnen suchte, während ich sie fand und eifrig studierte, stieß ich O'Connor absichtlich von mir und schämte mich beinahe dafür, daß ich sie als erste kennengelernt hatte. Dann aber merkte ich, daß ihre Bücher mir fehlten. Mir wurde klar, daß ich – ganz gleich, was das übrige Amerika sagen mochte – niemals ja sagen würde zu einer nach Rassen getrennten Literatur. Bevor ich nicht Flannery O'Connor *und* Zora Hurston, Carson McCullers *und* Nella Larsen, William Faulkner *und* Jean Toomer gelesen hatte, durfte ich mir in literarischen Dingen kein Urteil anmaßen.

1974 kam ich auf die Idee, diese beiden Häuser aufzusuchen – Flannery O'Connors Haus und das unsere –, um irgend etwas herauszufinden, zweiundzwanzig Jahre nachdem wir von dort fortgezogen waren und zehn Jahre nach ihrem Tod. Mein Plan war, zuerst unser altes Haus zu besuchen, sozusagen wegen der richtigen Reihenfolge, und dann erst ihr Haus, um zu sehen, ob wenigstens ihre Pfauen noch da waren. Zu dieser nostalgischen Reise lud ich meine Mutter ein, die gerne bereit war: neugierig, wo nicht auf Bücher und Autorenschicksale, so doch auf verlassene Häuser und Pfauen.

Flannery O'Connor

In ihrem nagelneuen Auto, das sie mit einundsechzig Jahren noch steuern gelernt hatte, rollten wir auf dem waldgesäumten Highway durch Georgia – zu einem Wiedersehen mit unserer Vergangenheit.

AUF DEM FELDWEG, der zu unserem einstigen Haus führt, stehen wir vor einem Zaun. An der Pforte das Schild: *Kein Durchgang.* Das Auto paßt auch gar nicht durch diese Pforte, und dahinter ist sumpfige Weide. Erschrocken erinnere ich mich, daß wir damals buchstäblich auf einer Kuhweide lebten. Eine Erinnerung, die ich ganz verdrängt hatte. Jetzt ist sie mir unangenehm.

»Meinst du, wir sollen hineingehen?« frage ich.

Aber meine Mutter hat die Pforte schon aufgestoßen. In ihrem Leben gibt es keine Barrieren – es sei denn, religiöse; und darüber wollen wir nicht diskutieren. Wir wandern dahin unter Fichten, an denen Rankenbärte wehen. Kleine Vögel huschen umher, und manchmal läßt eine wilde Azalee einen orangeroten Schimmer ahnen. Es ist ein strahlender Frühlingstag, unter wolkenlosem Himmel schlängelt sich der holprige Weg.

»Den alten Jenkins (damals unser *Landlord)* möchte ich sehen, ob er es wagt, mir Vorschriften zu machen wegen unerlaubten Betretens«, sagt sie, den Kopf hochgereckt. »Er hat uns niemals unseren Anteil an der Ernte im Jahr '52 ausbezahlt.«

Nach fünf Minuten stehen wir abermals vor einem Zaun, vor einer versperrten Pforte mit dem Schild: *Privatbesitz.* Und wieder öffnet meine Mutter die Pforte und geht unbeirrt hinein.

»Auch meinen Anteil an den Kälbern ist er mir in diesem Jahr schuldig geblieben«, sagt sie. Ich muß lächeln – über ihr Gedächtnis und ihren rechtschaffenen Stolz.

Wir stehen vor einem breiten, grünen Abhang. Links unten weiden Kälber, dahinter beginnt der Wald. Rechts steht unsere alte Scheune, und sie sieht immer noch aus wie vor zweiundzwanzig Jahren: baufällig und silbrig verwittert. Ein süßer Duft von Erdnußkraut weht herüber. Auch die Pekan-Bäume stehen noch. Und dort, auf dem Hügel, die Mauern unseres Hauses.

»Na, siehst du«, sagt meine Mutter, »es steht noch. Und schau«, wundert sie sich, »meine Narzissen.«

Sie haben sich vermehrt in diesen zweiundzwanzig Jahren, und jetzt blühen sie überall im Hof, von einer Seite zur anderen. Es ist die typische Kleinpächter-Behausung des Südens. Von den einstigen vier Zimmern sind nur noch zwei erhalten. Alles andere ist eingestürzt. Diese zwei Zimmer sind jetzt mit Heu gefüllt.

Obwohl das Haus in so desolatem Zustand ist, staune ich, wie schön es hier ist. Weit und breit sehe ich kein anderes Haus. Da sind die Hügel, die grünen Weiden, die lichten Bäume im Umkreis, und eine Kaninchenfamilie hoppelt uns über den Weg. Die Mutter und ich stehen im Hof und erinnern uns.

Ich erinnere mich nur an das Elend: Wie ich damals in eine armselige, Rassen-getrennte Schule ging, die vorher ein Gefängnis gewesen war. Im zweiten Stock gab es noch den großen, kreisrunden Abdruck von dem elektrischen Stuhl, der da gestanden hatte. Und wie ich einmal beinah auf eine Mokassinschlange getreten wäre, auf dem Holzweg, nach-

dem ich meinen Leuten Wasser aufs Feld gebracht hatte.
Und wie ich Phoebe verlor, meine geliebte Katze, weil wir
das Haus so schnell verlassen mußten, daß keine Zeit blieb,
um sie zu suchen.

»Ach, altes Haus«, sagt meine Mutter, und sie lächelt auf
eine Weise, daß es scheint, als wäre sie körperlich darüber
hinausgewachsen. »Etwas Gutes hast du uns wenigstens
gebracht. Hier bekam ich meine erste Waschmaschine!«

Meine einzige frohe Erinnerung an jene Jahre ist eine
Wiese, die wir auf unserem Weg nach Milledgeville zu über-
queren pflegten. Damals war es mir vorgekommen wie ein
Landschaftsgemälde: ein Bild der Ruhe. Neben der Straße,
im Vordergrund, grüne Weiden mit schwarzweiß gefleckten
Kühen, die sich niemals zu bewegen schienen. Und in der
Ferne ein steiler Hügel, teilweise mit Kudzu-Büschen be-
wachsen, die saftig grün und in bizarren Formen die Silhouetten der Bäume verdeckten ... Als wir jetzt daran vor-
beifahren, sieht es noch genauso aus. Auch die Kühe scheinen dieselben zu sein – obwohl ich jetzt sehe, daß sie sich
doch bewegen. Wenn auch niemals sehr schnell, niemals
sehr weit.

Ich habe diese Wiese geliebt als Kind, weil sie mir in meinem kleinen Leben – so bedrängt durch Elektro-Hin-
richtungen und verlorene Katzen und gefährliche Schlan-
gen – als Sinnbild für Schönheit und Frieden erschien.

»Ach, natürlich«, sage ich mir, als wir – zwei Meilen von
unserem alten Haus entfernt – von der Hauptstraße abbie-
gen, »das ist ja Flannerys Wiese.« Nach der Beschreibung,
die ich gehört habe, muß ihr Haus auf dem Hügel dort hin-
ten stehen.

AM HIGHWAY 441, direkt gegenüber Flannery O'Connors Haus, gibt es ein elegantes *Holiday Inn* Restaurant. Meine Mutter und ich beschließen, hier etwas zu essen, bevor wir zum Haus der Schriftstellerin hinaufsteigen. Vor zwölf Jahren hätten wir ein solches Restaurant in Georgia nicht betreten, nichts zu essen bestellen können. Und ich verspüre nun doch eine leichte Freude, während ich meiner Mutter aus ihrer Strickjacke helfe und ihr einen Stuhl ans Fenster rücke.

Die Weißen im Raum, die ihren Lunch verzehren, sie starren uns an, auch wenn sie sich Mühe geben, es nicht allzu auffällig zu tun. Sie bilden nur einen verschwommenen Hintergrund, vor dem sich das Gesicht meiner Mutter um so schärfer abzeichnet. Nun, *das* ist die richtige Perspektive, denke ich – und beiße in ein Muffin; kein Zweifel. Während wir unseren eisgekühlten Tee schlürfen, sprechen wir über O'Connor, über die Rassen-Integration, über die schlechte Qualität der Muffins, die wir knabbern, und über Pfauen.

»Die Biester fressen einfach alle Blumen auf«, sagt meine Mutter. Es erklärt, warum sie niemals welche halten wollte.

»Na ja«, sage ich, »aber sind sie nicht schöner als alles, was Menschenhände geschaffen haben? Das ist auch der Grund, warum die Dame sie liebte.« Diese Idee ist mir eben erst eingefallen, aber nachdem ich sie ausgesprochen habe, bin ich beinah selbst überzeugt, daß dies der Grund war. Warum aber, so frage ich mich, habe ich Flannery O'Connor als »Dame« bezeichnet? Es ist ein Wort, das ich sonst nie gebrauche, höchstens mal versehentlich. Denn alles Damenhafte ist mir verhaßt.

Ich kann mir O'Connor auf einem Empfang in einer typischen Südstaaten-Villa vorstellen; sehr höflich, sehr gelangweilt und in Gedanken die gesellschaftlichen Absurditäten des Abends notierend. Als Weiße war sie wohl automatisch »damenhaft«, aber ich kann nicht glauben, daß sie wirklich zu jener »Gesellschaft« gehörte.

»Dann war sie also Christin?« sagt meine Mutter. »Sie glaubte daran, daß ER alles erschaffen hat…« Sie macht eine Pause und sieht mich nachsichtig an – aber auch ein wenig herausfordernd. »Da hatte sie *bestimmt* recht.«

»Sie war Katholikin«, sage ich. »Das war vielleicht nicht immer bequem, im streng baptistischen Süden. Mehr als andere Schriftsteller hatte sie einen starken Glauben – auch an Dinge, die sie nicht sah.«

»Ist das der Grund, weshalb du sie liebst?« fragt sie.

»Ich liebe sie, weil sie *schreiben* konnte«, sage ich.

»*FLANNERY*«, sagte mal jemand zu mir, »das klingt wie etwas zum Essen.« Mich selbst erinnert das Wort immer an Flanell – jenen Stoff, aus dem warme Nachthemden und Winterblusen gemacht sind. Es ist sehr irisch – wie ihre Vorfahren. Ihr erster Vorname war Mary, aber sie benutzte ihn nie. Mary O'Connor – das klingt nicht sehr geheimnisvoll. Sie war Widder, geboren am 25. März 1925. Als sie sechzehn war, starb ihr Vater an *Morbus lupus*. Auch sie sollte später an dieser Krankheit sterben. Nach dem Tode des Vaters zogen Flannery und ihre Mutter, Regina O'Connor, aus Savannah in Georgia fort und nach Milledgeville, wo sie in einer Stadtvilla lebten, die Flannery O'Connors Großvater Peter Cline sich hatte bauen lassen. Gebaut wurde die sogenannte »Villa Cline« von Sklaven, die noch

von Hand die Ziegelsteine formten. Die Biographen der
O'Connors sind stets von dieser Tatsache beeindruckt – als
steigere sie die Würde der Aristokratie. Doch wenn ich so
etwas lese, muß ich daran denken, daß unter diesen Sklaven
auch meine Vorfahren waren, schuftend in der drückenden
Hitze Georgias, um das Haus ihres Großvaters zu bauen.
Schwitzend und von Moskitos geplagt, während das Haus
langsam in die Höhe wuchs – Ziegelstein um Ziegelstein.
Immer wenn ich solche Herrensitze im Süden besuche, mit
ihren geräumigen Zimmerfluchten, ihren prächtigen Hal-
len, ihren von Jalousien geschützten Hinterfenstern mit
Blick auf die heute verlassenen Sklavenquartiere im Hinterhof, kommt diese Erinnerung: Ich stehe im Hof und
schaue hinauf zu den Fenstern und schaue hinab auf den
Hof – und zwischen dem Ich, das dort auf der Erde steht,
und dem Ich, das am Fenster steht, ist Geschichte einge-
fangen.

Flannery O'Connor besuchte katholische Dorfschulen und
später das Georgia Women's College. 1945 gewann sie ein
Stipendium für den Writer's Workshop an der Universität
von Iowa. 1947 machte sie ihren *Magister artium*. Schon als
Studentin schrieb sie Kurzgeschichten, die ihren Ruhm als
Schriftstellerin von großem Talent und stilistischem Kön-
nen begründeten. Nach einem Aufenthalt in Yaddo, der
Künstlerkolonie im Staat New York, bezog sie ein möblier-
tes Zimmer in New York City. Später lebte und schrieb sie
über einer Garage in Connecticut, im Haus von Sally und
Robert Fitzgerald, die nach ihrem Tod ihren literarischen
Nachlaß verwalteten.

Auch wenn Flannery O'Connor, wie Fitzgerald in seinem
Vorwort zu ihrem *Everything That Rises Must Converge*

feststellt, als Schriftstellerin unabhängig bleiben und nicht nach Georgia zurückkehren wollte, war es ihr nicht vergönnt, den Heimatstaat für immer zu meiden. Im Dezember 1950 spürte sie – beim Maschineschreiben – eine sonderbare Schwere in den Armen. Auf der Heimreise in die Weihnachtsferien erkrankte sie so schwer, daß sie sofort ins Krankenhaus eingeliefert werden mußte. Die Diagnose lautete: *Lupus disseminatus.* Im Herbst 1951, nach neun erbärmlichen Monaten im Krankenhaus, kehrte sie nach Milledgeville zurück. Weil sie die Treppen in der »Villa Cline« nicht steigen konnte, brachte ihre Mutter sie in ihr Landhaus »Andalusia«, fünf Meilen vor der Stadt. Dort verbrachte O'Connor mit ihrer Mutter die folgenden dreizehn Jahre – den Rest ihres Lebens.

Lupus heißt lateinisch Wolf – etwas, das sich bis in die Substanz frißt. Es ist eine qualvoll zehrende Krankheit, und Flannery O'Connor litt nicht nur unter Muskelschwund und Schwellungen der Gelenke, sondern auch unter den Medikamenten, die zu Haarausfall und Arthrose führten. Trotzdem schleppte sie sich – seit 1955 an Krücken – weiter, und trotzdem schrieb sie. Ihr Vermächtnis sind etwa drei Dutzend wunderbare Kurzgeschichten, die meisten mit Preisen ausgezeichnet; ferner zwei Romane und ein rundes Dutzend großartiger Essays und Reden. Ihre Essay-Sammlung *Mystery and Manners*, die hauptsächlich von der moralischen Verpflichtung des Schriftstellers handelt, ist das beste Buch seiner Art, das ich gelesen habe.

»WENN DU IMMER wieder solche Reisen in den Süden machst«, sagt meine Mutter, während ich einer freundlich lächelnden Kellnerin meine Kreditkarte reichte, »was suchst du eigentlich?«

»Heilung«, antworte ich.

»Mir scheint, du bist ziemlich heil«, sagt sie.

»Nein«, antworte ich. »Denn alles, was mich umgibt, ist gespalten, willkürlich gespalten. Ich sehe gespaltene Geschichte, gespaltene Literatur, und auch die Menschen sind gespalten. Das führt zur Verdummung. In Mississippi zum Beispiel war ich mal eingeladen, vor einer Versammlung von Bibliothekarinnen zu sprechen, und bevor ich mit meinem Vortrag beginnen konnte, erhob sich eine anerkannte Expertin für Literatur und Geschichte der Südstaaten und behauptete tatsächlich, die Südstaaten hätten so großartige Schriftsteller hervorgebracht, weil ›wir den Krieg verloren haben‹. Natürlich war sie eine Weiße, doch die Hälfte der Bibliothekarinnen im Saal waren Schwarze.«

»Ich wette, es war eine Alte«, sagt meine Mutter. »Sie sind die einzigen, die immer noch an diesen Krieg denken.«

Ich war damals aufgestanden und hatte gesagt: »Nein, *wir* haben den Krieg nicht verloren. *Ihr* habt ihn verloren. Euer Verlust war unser Gewinn.«

»Diese Alten müssen einfach aussterben«, sagt meine Mutter.

»Ach, weißt du«, sage ich, »die Wahrheit wird immer erst sichtbar, wenn alle Teile einer Geschichte zusammengefügt sind, wenn alle verschiedenen Bedeutungen einen neuen Stil ergeben. Jeder einzelne Schriftsteller schreibt die fehlenden Teile zu den Geschichten der anderen Schriftsteller. Die ganze Geschichte – das ist's, was ich suche.«

»Ich möchte bezweifeln, ob die Weißen dir je einen Teil der Wahrheit zurückgeben werden«, sagt meine Mutter – leise, um die Kellnerin nicht zu kränken, die nebenan einen

Tisch abwischt. »Sie haben die Wahrheit so lange eingesperrt, bis sie ganz leblos geworden ist.«

»O'Connor schrieb eine Geschichte mit dem Titel: ›Alles,
was aufstrebt, muß konvergieren‹.«

»Wie?«

»Na. Alles, was nach oben gelangt, muß sich begegnen und
sich vereinigen. Diese Kurzgeschichte geht folgenderma-
ßen: Da ist eine alte Frau, eine Weiße, vielleicht fünfzig Jahre ...«

»Das ist nicht *alt*! Ich bin viel älter, und ich bin noch nicht
alt!«

»Tut mir leid. Jedenfalls, diese ältere Weiße steigt in den
Bus, sie ist in Begleitung ihres Sohnes, der sich für einen
Südstaaten-Liberalen hält. Und darum sucht er sich einen
Platz unter den Schwarzen. Seine Mutter ist entsetzt. Sie ist
zwar noch nicht alt, aber sie hängt an der alten Art. Und sie
trägt einen sehr teuren und häßlichen Hut. Der Hut ist lila
und grün.«

»Lila und *grün*?«

»Ja, und sehr teuer. Der *letzte* Schrei. Gekauft im besten
Laden der Stadt. Mit einem solchen Hut, denkt sie, wird sie
nicht dauernd ihrem eigenen Spiegelbild über den Weg
laufen. Bald darauf aber steigt eine dicke Schwarze ein –
Figur wie ein Gorilla, so wird sie von O'Connor geschildert.
Sie hat ihr kleines Söhnchen dabei, und sie trägt genau die-
sen gleichen grün-lila Hut. Oh, diese nicht mehr junge
Weiße ist erschüttert, schockiert.«

»*Das* kann ich mir vorstellen. Auch die Schwarzen haben
heute genug Geld für solchen Blödsinn.«

»Ja, das ist's, was O'Connor sagen will: Alles, was empor-
strebt, muß konvergieren.«

»Ach, was. Diese Leute mit lila-grünen Hüten sollen ruhig ohne mich konvergieren.«

»Je fortschrittlicher der Süden wird, glaubte O'Connor, desto mehr wird er sich dem Norden angleichen. Eine nichts-sagende Kultur, eine vergewaltigte Natur, und was die Menschen betrifft – kein Unterschied mehr zwischen Rassen und Volksgruppen. Alle haben die gleichen Sachen, alle wollen die gleichen Sachen haben, und alle tragen – symbolisch gesagt – den gleichen lila-grünen Hut.«

»Du glaubst, daß es so kommen wird?«

»Ja, das glaube ich. Und die Geschichte hat sogar noch einen tieferen Sinn. Diese weiße Frau versucht ihren Stolz zu retten und glaubt, der Zwischenfall mit den identischen Hüten sei bloße Nach-Äfferei. Natürlich glaubt sie, daß nicht sie selbst der Affe ist. Sie ignoriert die verdutzte Schwarze einfach und schäkert mit deren Söhnchen, das so klein und so schwarz und so niedlich ist. Sie merkt nicht, daß die Schwarze sie finster anstarrt. Als alle ausgestiegen sind, hält sie dem Kleinen einen funkelnagelneuen Penny hin. Die Mutter des Kindes holt aus und schlägt ihr die Handtasche über den Kopf.«

»Ich kann mir vorstellen, es war eine *große* Handtasche!«

»Groß, und vollgestopft mit harten Gegenständen.«

»Und was geschah dann? Sagtest du nicht, die Weiße war mit ihrem liberalen Sohn zusammen?«

»Ja, und er versuchte, seine Mutter zu warnen. ›Diese neuen Neger‹, sagte er, ›sind nicht mehr die alten.‹ Aber sie wollte nicht hören. Der Sohn hatte seine Mutter gehaßt – bis er sie dort am Boden liegen sah. Und jetzt tat sie ihm nur noch leid. Als er ihr auf die Beine helfen wollte, erkannte sie ihn nicht mehr. Ihr Denken hatte sich in eine historische Ver-

gangenheit geflüchtet, die ihren Wünschen und Bedürfnissen mehr entsprach. ›Sag Grandpa, er soll kommen und
mich abholen‹, sagt sie noch, und dann taumelt sie davon
in die Nacht, allein.«

»Armes Ding«, sagt meine Mutter mitleidig über diese
abscheuliche Frau. Dieses Mitgefühl ist so typisch für den
Süden, so typisch für die Schwarzen.

»Das dachte auch ihr Sohn, weißt du, und das ist die Pointe
von O'Connors Geschichte. Der Sohn wird durch das Erlebnis seiner Mutter verwandelt. Er begreift, daß sie, ob-
gleich eine törichte, alte Frau, die in der Vergangenheit
lebt, auch ein armseliges Geschöpf ist; genau wie er selbst.
Doch es ist zu spät, ihr dies zu sagen, denn sie ist völlig ver-
rückt geworden.«

»Was machte die Schwarze, nachdem sie die Weiße nieder-
geschlagen hatte?«

»Das verrät O'Connor nicht, und darum ist es zwar eine gute
Geschichte, aber für mich nur die Hälfte der Geschichte.
Vielleicht weißt *du* die andere Hälfte …«

»Ach, ich bin keine Schriftstellerin, aber es *gab* einmal eine
alte Weiße, die ich am liebsten schlagen wollte …«, fängt sie
an zu erzählen.

»Genau«, sage ich.

ENTDECKT HATTE ICH Flannery O'Connor, als ich an
einem College im Norden studierte und Vorlesungen über
den Süden und seine Schriftsteller hörte. Die Kunst der
O'Connor war so vollkommen, daß ich mich niemals fragte, wo eigentlich die schwarzen Schriftsteller des Südens
waren. Andere Autoren, die wir lasen – wie Faulkner,

McCullers oder Welty –, schienen wie besessen von einer
Vergangenheit der Rassenspannungen, die ihnen keine
Ruhe ließ. Seite um Seite drückten sie sich vor der Frage
nach der Menschenwürde ihrer Figuren. O'Connors Figuren aber, deren Menschenwürde trotz aller Abnormität
immer als selbstverständlich vorausgesetzt wird, diese Figuren, die so armselig, häßlich, beschränkt und von so ab-
grundtiefer Rassenborniertheit sind – und nirgends Schönheit und Anmut, die nicht auch Karikatur wäre –, sie faszi-
nierten und schockierten mich.

Die Art, wie O'Connor die weißen Frauen im Süden schil-
derte, nahm mich sofort für sie ein. Da hing kein Magno-
lienhauch in der Luft (und es war, als hätte es einen solchen
Baum nie gegeben). Ja, konnte ich sagen, diese Weißen
ohne ihren ewigen Magnolienbaum, und diese Schwarzen
ohne ihre ewigen Wassermelonen und ohne die ewige
Geduld ihrer Rasse … das sind Menschen des Südens, wie
ich sie kannte.

Für mich war O'Connor die größte moderne Schriftstellerin
des Südens; und jedenfalls die einzige, bei der ich so listige
und entlarvende Sätze über die Weißen las wie: »Die Frau
wäre mehr oder minder hübsch gewesen – gelbes Haar,
fette Waden, schmutzigfarbene Augen.«
Ihre weißen Männergestalten sehen nicht besser aus –
durchweg Gescheiterte und Gestrauchelte, Idioten und ver-
blödete Kinder, Analphabeten und Mörder. Ihre schwarzen
Gestalten, ob weiblich oder männlich, muten uns ebenso
flach und absurd an. Daß sie – vor allem in ihrem späteren,
reiferen Werk – eine größere Distanz zu den inneren Motiven ihrer schwarzen Figuren hielt, spricht nur für sie.
Denn indem sie sich darauf beschränkte, einzig deren be-

obachtbares Verhalten zu schildern, überließ sie es der Phantasie des Lesers, diese Figuren in andere Landschaften und Lebensumstände zu versetzen. Dies ist ein Respekt, den viele Schriftsteller vermissen lassen, die, wenn sie Vertreter eines unterdrückten Volkes literarisch behandeln, eine gottgleiche Allwissenheit vorspiegeln – eine Haltung, die uns mit so vielen unausrottbaren Klischees belastet hat. Privat war O'Connor weniger pingelig. In einem Brief an ihren Freund Robert Fitzgerald schrieb sie einmal: »Ich habe, wie die Nigger sagen, das heulende Elend.« Fitzgerald fand diese Formulierung anscheinend so harmlos, daß er nichts dabei fand, sie im Vorwort zu einem ihrer Bücher zu zitieren. O'Connor fühlte damals, Mitte der fünfziger Jahre, ihr Ende nahen, und sie litt starke Schmerzen. Wahrscheinlich wollte sie mit dieser Bemerkung nur einen sorglosen Ton anschlagen. Dennoch finde ich solch einen Ausdruck nicht lustig.

In einem anderen Brief, kurz vor ihrem Tode, schrieb sie: »Gerechtigkeit bleibt Gerechtigkeit. Sie darf nicht nach Rassenzugehörigkeit verteilt werden. Für einen Südstaatler ist dies kein abstraktes Problem, sondern ein konkretes, das ihm in Gestalt von lebendigen Menschen, nicht von Rassen, entgegentritt. Eine solche Sicht verbietet einfache Antworten.« – So edelmütig dieser Grundsatz auch sein mag, gilt er natürlich nicht für die rassistische Sicht, mit der weiße Autoren im Süden die Schwarzen gezeichnet haben. Und O'Connor hätte hinzufügen sollen, daß dies einzig für sich selbst sprach.

Doch in der *Hauptsache* geht es O'Connor gar nicht um Rassenprobleme. Das ist auch der Grund, warum sie, die doch einer rassistischen Kultur entstammte, so erfrischend zu lesen ist. Falls es ihr überhaupt *um* etwas ging, dann um Prophetie und Propheten, um Offenbarungen und den Einfluß überirdischer Gnade auf den Menschen, der ohne solche Gnade keine Chance hätte, sich spirituell weiterzuentwickeln.

Daß sie wohl an individuelle Gerechtigkeit glaubte (allerdings nur im korrigierten Bild einer ihrer Gestalten), beweist die unentwegte Überarbeitung ihrer ersten, mit einundzwanzig Jahren (1946) veröffentlichten Kurzgeschichte: »The Geranium«. Diese Geschichte hat O'Connor oft revidiert und ihr zweimal einen neuen Titel gegeben, bis endlich, zwanzig Jahre nach der Erstveröffentlichung (und bezeichnenderweise nach Beginn der Bürgerrechtsbewegung), eine völlig andere Geschichte daraus geworden war. Die beiden Hauptfiguren, ein Schwarzer und seine schwarze Frau, machten eine völlige Metamorphose durch.

In der ursprünglichen Fassung lebt Old Dudley, ein seniler Rassist aus dem Süden, bei seiner Tochter in New York – in einem Haus, in dem auch »Nigger« leben. Die Schwarzen werden als passive, selbstlose Charaktere geschildert. Die schwarze Frau sitzt still und ergeben in ihrer Wohnung. Ihr Mann hilft dem kurzatmigen Old Dudley die Treppe hinauf und plaudert mit ihm – wenngleich nachsichtig – über Waffen und über die Jagd.

In der letzten Fassung geht die Frau diesem Old Dudley (der jetzt Tanner heißt) aus dem Weg, als sei er ein Müllhaufen. Sie wirft ihm finstere Blicke zu – »böse wie keine Frau, ob schwarz oder weiß, die er je gekannt hatte.«

Ihr Mann – Old Dudley nennt ihn beharrlich »Prediger« (in der irrsinnigen Meinung, dies sei ein Ehrentitel für alle Schwarzen) – schlägt den Alten zweimal zusammen. Am

Schluß zieht er Old Dudley mit Armen und Beinen durchs Treppengeländer – »wie durch einen Palisadenzaun« – und läßt ihn dort sterben. Der endgültige Titel der Geschichte ist: »Judgement Day – Das Jüngste Gericht«.

Die neue Qualität der Geschichte ist Zorn. Und O'Connor hat gewartet, bis die Schwarzen selbst diesen Zorn artikulierten; erst dann hat sie ihn literarisch registriert.

SIE WAR EINE KÜNSTLERIN, die fürchtete – und schließlich wußte –, daß sie jung sterben würde. Unter ihrem durchdringenden Blick wird der Beinschädel ihrer Figuren sichtbar. Ganz unabhängig von Hautfarbe und sozialer Stellung sah sie ihre Figuren so, wie sie sich selber sah: im Schatten des drohenden Todes. Manche ihrer Geschichten – zum Beispiel »The Enduring Chill« und »The Comforts of Home« – scheinen aus einer Verzweiflung entstanden, die vielleicht eine Frucht solch düsterer Weltsicht war. Ihr Humor dagegen entzückt uns immer wieder und wird sie in unserer Erinnerung lebendig halten. Besonders liebe ich Sätze wie diese:

Überall werde ich gefragt, ob ich finde, daß die Schriftsteller durch die Universität erstickt werden. Ich finde, daß nicht genug von Ihnen erstickt werden. Viele Bestseller hätten von einem guten Professor verhindert werden können.

– *Mystery and Manners*

Sie wäre eine gute Frau gewesen, hätte es jemanden gegeben, der sie jeden Augenblick ihres Lebens totgeschossen hätte.

– »The Misfit« in: *A Good Man is hard to find*

In manchen Fällen kann jemand, wenn er nur schlecht genug schreibt, eine Menge Geld verdienen.

– *Mystery and Manners*

Es ist die Aufgabe der Literatur, das Mysterium in Sitten und Bräuchen sichtbar zu machen, doch das Mysterium bringt das moderne Denken in arge Verlegenheit.

– *Mystery and Manners*

Katholikin zu sein, bedeutete ihr sehr viel. Überraschend für diejenigen, die sie – aufgrund ihrer Werke – für eine Atheistin hielten. Sie glaubte an die Mysterien der katholischen Kirche. Und doch konnte sie keine dogmatischen oder gleichnishaften Geschichten schreiben. Kein religiöses Traktat, keine Verklärung im Lichte himmlischer Gnade, nicht einmal ein Happy-End. Daß das Gute bei ihr nicht nur niemals siegt, sondern fast nie in Erscheinung tritt, hat viele Leser verunsichert und die Kirche empört. Bei ihr gibt es selten die freie Entscheidung des Menschen, und Gott greift nie ein, um jemandem zu helfen.

Gott – das war für O'Connor eigentlich Jesus. Und er siegte nur in der Niederlage. Sie wußte, daß der Mensch nichts gelernt hat aus seinem Tod am Kreuz; und daß der Schmerz um seinen Tod ins menschliche Leben nur einzudringen vermag als wiederholtes Sterben, das die eigene Existenz im Innersten berührt.

Die Kurzgeschichte »The Displaced Person«, 1954 veröffentlicht, handelt von einem Flüchtling aus Polen, der als Arbeiter auf der Farm einer Frau beschäftigt ist. Zwar versteht niemand sein Kauderwelsch, aber er ist ein hervorragender Arbeiter. Er arbeitet so fleißig, daß die Frau zu un-

verhofftem Reichtum gelangt. Aber weil der Emigrant sich
nicht an die geltenden Normen hält (er will einen schwarz-
en Farmarbeiter überreden, seine Nichte zu heiraten, um
sie auf diese Weise aus einem polnischen Konzentrations-
lager zu befreien), sieht die Frau untätig zu, wie er von
einem steuerlosen Traktor überrollt wird und stirbt.

»Ich glaube«, sagt sie zu dem Priester, »daß Christus auch
nur ein Emigrant war.« Er war einfach ein Fremder. Doch
nach dem Tod des polnischen Flüchtlings erkennt die Frau
ihre Mitschuld an dieser modernen Kreuzigung, und sie
wird sich ihrer ungeheuren Verantwortung für andere
Menschen bewußt. Unter der Wucht dieser neuen Einsicht
wird sie krank. Sie verliert ihre Farm – und sogar die
Sprache.

Dieser Moment der Offenbarung, da der Mensch an seiner
eigenen Beschränktheit scheitert, da er die »wahren Grenzen des inneren Landes« erkennt – das ist klassische O'Connor, und immer ist es ein Moment der Krise und des tiefsten Schmerzes.

Ob wir ihre Geschichten »verstehen« oder nicht, so wissen
wir doch, daß sie der Literatur ganz wunderbare und über-
raschende Gestalten geschenkt hat. Und alle ihre Geschichten – auch die frühesten, in denen ihr Bewußtsein für
Rassenprobleme noch nicht so geschärft war und sie sich
noch nicht über die gängigen, beleidigenden Klischees
erhoben hatte – sind unverwechselbar und hätten von keiner anderen geschrieben werden können.

Dabei war sie in ihrer Kunst keineswegs festgelegt oder
eingeengt durch ihren katholischen Glauben. Nachdem wir
O'Connors Erzählungen, die von Sünde und Verdammnis,
von Prophezeiung und Offenbarung handeln, gelesen ha-

ben, kommt es uns vor, als handelten die Geschichten in den landläufigen Zeitschriften nur von Liebe und Roast Beef.

DAS HAUS »ANDALUSIA« ist eine große weiße Villa auf einer Anhöhe. Von der mit Fliegengitter abgeschirmten Veranda schweift der Blick über einen See. Das Haus ist gut erhalten, und sogar Pfauen sind da; stolz schreiten sie in der Sonne umher. Im Hintergrund ein unverputztes Haus. Dort wohnten anscheinend früher die Schwarzen. Das war damals typisch für die obere Mittelschicht: die Weißen vorne, die »Hilfskräfte« in einer viel armseligeren Behausung, nicht weit von der Hintertür.

Eine ehemalige Freundin O'Connors hat mir erzählt, daß das Haus jetzt leer stehe. Trotzdem steige ich die Stufen zur Veranda hinauf und klopfe an. Es ist nicht nur eine symbolische Geste; schließlich bin ich zu diesem verlassenen Haus gekommen, um etwas herauszufinden, über mich und meine Beziehung zu Flannery O'Connor. Und ich will es herausfinden, egal, ob hier jemand wohnt oder nicht.

Was ich empfinde, während ich anklopfe, ist Empörung darüber, daß hier jemand bezahlt wird dafür, daß er ein Haus instand hält, in dem niemand wohnt; während unser Haus (das natürlich nie *unseres* war) langsam zu Staub zerfällt. Ihr Haus wird für einen Moment zu einem Symbol meiner Benachteiligung, und diesen Moment lang hasse ich ihr freches Privileg. Soviel sie mir auch bedeuten mag – es wird entwertet, selbst wenn ich mich gegen diese Entwertung sträube.

In Faulkners Hinterhof gibt es ebenfalls eine roh gezim-

merte Hütte, wo noch immer ein schwarzer Hausmeister
wohnt, ein stiller und schwermütiger Mann, der auf die
Frage nach Faulkners legendärem Witz antwortet: seines
Wissens habe »Mister Bill niemals gescherzt«.

In all den Jahren, während ich Faulkner las, schwebte das
Bild dieses stillen Mannes in der Hütte vor mir über den
Buchseiten. Und wie ich jetzt an Flannery O'Connors Tür
klopfe, denke ich nicht mehr an ihre Krankheit, an ihre
trotz allem so herrlichen Bücher; ich denke, daß doch nur
alles auf Häuser und Adressen hinausläuft. Auf die Frage,
wie und wo jemand wohnt. Es gibt reiche Leute, die Häuser
haben, in denen sie wohnen; und arme Leute die keine
Häuser haben.

Und das ist falsch. Literarischer Separatismus, heute bei
den Schwarzen so verbreitet wie bei den Weißen seit jeher,
läßt sich leichter praktizieren, als eine solche Tatsache zu
verändern wäre. Ich denke manchmal, ich könnte dieses
Land mit einer Handbewegung auslöschen – wenn ich
könnte.

»Niemand kann die Vergangenheit ändern«, sagt meine
Mutter.

»Das ist der Grund, warum es Revolutionen gibt«, erwidere
ich.

Meine Verbitterung kommt aus einer tieferen Wurzel als
mein Wissen um die historische Bedeutung des Rassen-
unterschieds im Leben weißer und schwarzer Künstler. Die
Tatsache, daß in Mississippi niemand mehr weiß, wo
Richard Wright einst lebte, während Faulkners Haus von
einem schwarzen Hausmeister instand gehalten wird, ist
traurig genug, aber nicht unerträglich. Unerträglich sind für
mich vielmehr die seelischen Folgen einer solchen Unge-

rechtigkeit. Denn in einer ungerechten Gesellschaft sind solche Belastungen stets eine Gefahr für die Seele eines sensiblen Menschen. Noch lange werde ich Faulkners Haus und O'Connors Haus auf mir lasten fühlen – und sie erdrücken mich. Dagegen anzukämpfen wird Kraft kosten; eine Kraft, die besser für etwas anderes eingesetzt würde.

»Dennoch hat Gottes Hand in diesem Fall eingegriffen«, meint meine Mutter. Flannery O'Connor sei doch in jungen Jahren gestorben, an einer qualvollen Krankheit. Dann seufzt sie: »Ach, weißt du, auf der anderen Seite des Zaunes ist das Gras immer viel saftiger. Bis wir selbst drüben sind.« Auch solche Klischees können in einer gerechten Gesellschaft nicht am Leben bleiben.

»Vielleicht ist es keine Illusion«, sage ich. »Vielleicht *ist* das Gras auf der anderen Seite des Zaunes manchmal saftiger. Es könnte zum Beispiel guten Kunstdünger bekommen, während das Gras auf unserer Seite auf dürrem Sand wachsen muß.«

SCHWEIGEND GEHEN wir weiter, während die Pfauen mit leisem Rascheln ihres Gefieders über den Hof stolzieren. Mir fällt auf, wie vollendet O'Connor in ihren Kurzgeschichten diesen Ausblick über die sanften Hügel geschildert hat, die Silhouetten der Bäume, so schwarz vor dem Himmel, den Feldweg vom Garten zum Highway hinunter. Ich denke an ihre Tapferkeit, und wie sie mir mit ihrer Kunst die Augen geöffnet hat. Sie räumte endgültig auf mit der Sentimentalität in der weißen Literatur des Südens. Sie zeigte die weißen Frauen, lächerlich auf ihrem Piedestal, und ihren schwarzen Figuren näherte sie sich –

als reife Künstlerin – mit ungewöhnlicher Behutsamkeit und Demut. Sie konnte magische Wunder wirken mit dem geschriebenen Wort. Den zauberhaften Humor und das Mysterium der Flannery O'Connor werde ich immer lieben, das weiß ich. Und ich weiß auch um die Bedeutung des Sprichworts: »Nimm, was du bekommst, und pfeif' auf den Rest.« Wenn es jemals ein Wort gegeben hat, das unser seelisches Gleichgewicht retten kann, dann ist es dieses.

Als wir O'Connors Garten verlassen, spreizen die Pfauen – die, wie die Dichterin sagte, »das letzte Wort haben« – ihr herrliches Rad. Wir staunen. Einer der Pfauen ist so vertieft in die Darstellung seines Meisterwerks, daß er uns nicht gestatten will, das Auto von der Stelle zu bewegen, bevor er seine Schaustellung beendet hat.

»Pfauen sind phantastisch«, sage ich zu meiner Mutter, die stirnrunzelnd die eitlen Vögel betrachtet, »aber sie kommen nicht auf die Idee, daß sie uns im Weg stehen könnten.«

»Ja«, sagt sie, »und wenn wir nicht aufpassen, fressen sie uns alle Blumen im Garten weg.«

Astrid Swift
Toni Morrison

Längst von ihrer Auszeichnung mit dem Nobelpreis für
Literatur war Toni Morrison als bedeutendste Roman-
schriftstellerin der USA, als brillante Wortführerin des
schwarzen Amerika, als tatkräftige Förderin schwarzer
Selbsthilfeprogramme eine Institution. Morrison hat von
Anfang an aus der afrikanisch-amerikanischen Per-
spektive entschieden Minoritätenliteratur gegen das
Verdrängen und Vergessen geschrieben.

DIE SCHRIFTSTELLERIN und Nobelpreisträgerin
Toni Morrison hat eine Mission: die Identitätsfindung der
Schwarzen. Diese kann sich nur vollziehen, wenn ihnen
endlich ihre Geschichte gegeben wird, die Morrison zufolge »zwar sehr gut dokumentiert, aber bislang schlecht ima-
giniert« worden ist. Diese Geschichte gibt sie ihrem
primären Zielpublikum, ehrlich, ohne Weinerlichkeit und
romantisierenden Kitsch, aber tröstend, Wunden heilend
durch die Botschaft der Liebe, wie sie in Blues und
Spiritual zum Ausdruck kommt. Diese eigenständigen
Beiträge des schwarzen Amerika zur Musik zählt die
Künstlerin zu ihren großen Vorbildern. Stück um Stück,

Epoche um Epoche, setzt sie in ihren Erzählungen schwarze Geschichte zusammen: Zu Recht gilt sie inzwischen als überzeugendste Historikerin Amerikas im Bereich des Romans. Die einzelnen Werke geben nur Teilantworten, sie stellen Stationen einer Odyssee dar, in der Morrison sich auch spürbar auf der Suche nach ihrer eigenen Identität als schwarze Erzählerin befindet.

DIE SCHWARZE ARBEITERTOCHTER und alleinerziehende Mutter zweier Söhne hat, wie man so sagt, alles erreicht. Sie ist wohlhabend; schon in den Siebzigern, als der Dollar noch etwas wert war, soll das Veröffentlichungsrecht von *Song of Solomon (Solomons Lied)*, ihrem dritten Roman, den New Yorker Knopf Verlag 315 000 Dollar gekostet haben, das Recht für die Paperback Ausgabe weitere 150 000 Dollar. Morrison wird ein wacher Geschäftssinn nachgesagt. Sie ist weltberühmt und hochgeachtet, eine Bestsellerautorin, der sich auch die seriöse Kritik geflissentlich widmet, die bei Lesungen und Diskussionen die Säle füllt, die an der renommierten Harvard Universität Vorträge gehalten hat und der die ebenso renommierte Princeton Universität einen eigens auf sie zugeschnittenen Lehrstuhl einrichtete. Sie ist eine *Celebrity*, der sich die überregionale Presse und Fernsehgiganten mit Vorliebe zuwenden, auf Titelblättern und zur teuren Hauptsendezeit, obwohl sie den sensationsgeilen Medien nichts Pikantes bietet. Sie imponiert, weil sie es ernst meint und aufzugehen scheint in einer würdigen Mission von nationaler Dringlichkeit. Als Inkarnation des Amerikanischen Traums, im trivialen Sinne des Aufstiegs ins Paradies der Reichen

Toni Morrison

und im tieferen Sinne der Selbstfindung aus eigener Kraft, durch das Ausleben so uramerikanischer Tugenden wie Fleiß, Selbstdisziplin, zähem Leistungswillen ist sie zumal in ihrer Heimat zur Kulturheldin geworden, nicht allein für Schwarze, sondern ganz besonders für Frauen. Und weil kein Prinz sie entdeckte und zu sich holte in seinen Palast, sehen sicherlich weltweit unzählige Frauen, nicht nur Feministinnen, in Morrisons Lebensweg eine zeitgemäße Abwandlung des Märchens von Aschenbrödel.

Die vielen Kämpfe, aus denen sie siegreich hervorgegangen ist, haben die Olympierin gezeichnet, in mehr als einer Hinsicht. Die knapp mittelgroße Sechzigerin wirkt größer, als sie tatsächlich ist, und sieht älter aus als auf Fotos. Ihre mächtige Gestalt hüllte sie lange Zeit am liebsten in lose fallende Gewänder von schlichter Eleganz, als Zier dienten meist Ohrgehänge und lange Perlenketten. Über den Drang vieler Zunftgenossinnen, antibürgerliche Fortschrittsexklusivität durch alternative Schlampigkeit zu bekunden, ist sie gänzlich erhaben. Der wuchtige Afro-Schopf, der einst ihr ausdrucksvolles, Lebenskraft verströmendes, hellhäutiges Gesicht wie ein dunkler Heiligenschein umrahmte, hat sich inzwischen zu ergrauten afrikanischen Zöpfchenkaskaden gewandelt. Ihr Anblick läßt unwillkürlich an große Jazz-Sängerinnen denken. Gegen diesen Vergleich hätte sie auch beileibe nichts einzuwenden, schließlich verehrt sie insbesondere Billie Holiday, während sie in längst geläufigen Bezeichnungen wie »Stammeskönigin« und »sinnliche Black Mama« sicherlich Beweise für nach wie vor grassierende rassistische Klischees sieht. Gleichwohl werden sich vielen, die die Nobelpreisträgerin bei ihrem jüngsten Europabesuch erlebten, solche Bezeichnungen nachgerade aufgedrängt haben. Triumphierend okkupierte die Bezopfte ihren Stuhl wie einen Thron, eine purpurne Schulter-schärpe anstelle westlicher Preziosen lockerte das strenge, archaisch anmutende Hängekleid auf. Ihr weißes Erbe, von dem ihre Hellhäutigkeit zeugt, hat sie offenkundig zu ihrer eigenen Zufriedenheit mit Hilfe einer konsequent afrikani-schen Selbststilisierung weitestgehend ausgemerzt.

Morrisons bloße Erscheinung imponiert in jedem Fall. Sobald sie spricht, verharrt man vollends fasziniert wie im Bannkreis einer Zauberin. Ihrer unvergeßlichen Stimme, samtig, fruchtig, rauchig, eignet ein unverkennbar schwar-zes Timbre, ihr spezifisch ethnisches Kolorit hat sich über die Jahre sogar verstärkt, die Wandlung der Stimme ent-spricht jener der äußeren Erscheinung. Stets ruhig und bestimmt, jeder Zoll eine Herrscherin, diskutiert sie immer wieder über die Kluft zwischen Schwarzen und Weißen, über den Zusammenhang von Politik und Ästhetik, und wenn sie dann aus ihren Büchern vorzulesen beginnt, ihre Geschichten murmelt, seufzt, grollt, so weiß man, was einem bei der bloßen Lektüre gefehlt hatte. Morrisons spannend verrätselte, symbolträchtige Romane über denkwürdige, bizarre schwarze Einzelschicksale, in denen Alltag und Wundersames, schwarze Historiographie, schwarze Sozio-logie und Märchen so eigenartig verwoben sind, wollen auf-merksam gelesen und interpretiert sein. Aber darüber hin-aus verlangt ihre virtuose akustische Qualität, daß man sie hört, am besten aus dem Munde der Autorin selbst.

Bei Morrison mutet alles, Erscheinung, Stimme, künstleri-sches Selbstverständnis und Œuvre, immer mehr wie aus einem Guß an. Diese Frau weiß offenbar schon sehr lange sehr genau, was sie will. So kontrolliert auch sie allein den

Fluß biographischer Informationen, und es zeugt von der
Kraft ihrer Persönlichkeit, daß ihr dies in dem Ursprungs-
land hemmungsloser Ausleuchtung der Intimsphäre gelungen ist.

AM AUSFÜHRLICHSTEN hat sich Morrison von jeher
über ihre prägenden frühen Jahre in Lorain im Mittel-
weststaat Ohio geäußert. In dem Stahlarbeiterstädtchen 25
Meilen westlich von Cleveland wurde Chloe Anthony
Wofford, die sich erst viel später Toni nennt, am 18. Februar
1931 geboren, zu einer Zeit, als die große Wirtschaftskrise
die ganze Industrieregion beutelte. Obwohl Lorain damals
so klein war, daß es nur eine einzige High School besaß, die
auch Schwarze besuchen durften – Ohio hatte seit seiner
Gründung politisch zum Norden gehört –, gab es auch hier
die eine Enklave, in der notgedrungen und auf engstem
Raum alle ortsansässigen Schwarzen leben mußten: ehrba-
re kleine Leute in Lohn und Brot, Tagelöhner, Nutten,
Schwarzarbeiter, religiöse und andere Scharlatane, Hausie-
rer, Putzfrauen und Dienstmädchen, revoluzzernde Ge-
heimbündler, Tagediebe, kirchenfromme Matronen und
messianische Spinner. Mittendrin, versprengt, einige Mittel-
ständler, der Arzt, der Prediger, der Immobilienhai, die
erstmals in den Sechzigern, als progressive Demokraten wie
die Präsidenten Johnson und später Carter Bürgerrechts-
gesetze verabschieden ließen, kräftigen Zuwachs verzeich-
neten und den Auszug aus den Schwarzenvierteln in die
vormals lilienweiße Suburbia wagten. Morrison nennt das
im Strom der Zeit versunkene Schwarzenviertel, das sie
selbst in Lorain in seiner knallbunten Vitalität erlebte,

Neighborhood, also Nachbarschaft. Mit der Ausnahme ihres 1981 veröffentlichten vierten Romans *Tarbaby* (*Teerbaby*), dessen Handlungsschauplatz die karibische Heimat ihres Ehemannes ist, läßt sie das Viertel in allen ihren Romanen als wesentlichen Teil der Rekonstruktion schwarzamerikanischer Geschichte wiedererstehen. Und das gilt noch für *Jazz*, ihren jüngsten Roman aus dem Jahre 1992, der erstmals nicht in einem mittelwestlichen Kaff, sondern in New Yorks schwarzem Harlem der Zwanziger spielt. Manchen Kritikern zufolge ist die Nachbarschaft das ausgestaltetste, gelungenste Element in den Erzählungen der Autorin.

AUS ALABAMA, einem notorisch rückständigen und repressiven Südstaat, hatten sich die Großeltern 1912 gen Norden aufgemacht. Sie blieben in Ohio hängen, das an den Südstaat Virginia grenzt, Englands erster Kolonie in Nordamerika, wo Sklavenhaltung 1619 zunächst unbeabsichtigt begann. Wie all die anderen schwarzen Elendsflüchtlinge – etwa eine Million sollen an dem Exodus beteiligt gewesen sein – kamen sie in das Gelobte Land jenseits der Mason-Dixon Grenze, erfüllt von Bitterkeit und in der Hoffnung auf sozial-ökonomisches Heil. Die Hoffnung sollte rasch der Ernüchterung weichen. Die Erbitterung aber blieb. Bei Toni Morrisons Großvater John Solomon Willis kam zu der Erinnerung an eine Kindheit in Sklaverei und den üblichen Erfahrungen der Chancenlosigkeit für Schwarze im Süden das Trauma des Landraubs. Er hatte von seiner indianischen Mutter achtundachtzig Morgen Land geerbt, die »weiße Raubtiere« ihm abjagten, was das Gesetz ihnen erlaubte. Dieses Stück Familiengeschichte, spannend wie ein Krimi erzählt, ist in Morrisons aufregende Darstellung der schwarzamerikanischen Exodus-Erfahrung in *Song of Solomon* eingeflossen. Der zweite Vorname des Großvaters, Solomon, war ein Glücksfall, wie ein Senfkorn muß er aufgegangen sein in der Imagination seiner Enkelin, bis endlich der Brückenschlag zum biblischen Hohelied Salomos und damit zur Botschaft der Liebe gelungen war. Großvater blieb zeitlebens »ein unbeugsamer Pessimist«, durchdrungen von der Überzeugung, daß »alle Weißen erblich verderbt« seien.

Vater Wofford dachte genauso. In ihm steckte der alte Pioniergeist, er wollte unabhängig sein, nur der eigenen Kraft vertrauen. In der weißen Welt jenseits der »Nachbarschaft« scheute er keine Mühe, schuftete an ein und demselben Tage nacheinander als Tellerwäscher, Schweißer und Straßenbauarbeiter. Trotzdem konnte er seine Familie nicht ernähren und mußte schließlich zur Wohlfahrtsbehörde kriechen. Erst der Eintritt der Vereinigten Staaten in den 2. Weltkrieg steigerte die Chancen der Schwarzen auf dem Arbeitsmarkt. Vater Wofford bescherte der Krieg – endlich – eine feste Anstellung in der Stahlfabrik. Die Ironie dieses Umstands wird ihm aufgegangen sein. Der erste Wochenlohn von fünfzig Dollar stürzte die Mutter in einen Freudentaumel. Die tapfere, resolute Frau, der Morrison gleich in ihrem Romandebüt in der Figur der Mrs. Mac Teer ein Denkmal gesetzt hat, glaubte wohl ihre Familie in Sicherheit. Vorbei die Angst vor dem Rausschmiß aus der kümmerlichen Mietwohnung, den der weiße Eigentümer einmal sogar durch Feuerlegen durchsetzen wollte, vorbei der Kleinkrieg mit den Geldeintreibern, vorbei der Zwang, Maden aus dem Wohlfahrtsmehl sammeln und Beschwerden an Präsident Roosevelt richten zu müssen. »Sie tanzte durch die Wohnung. Er lachte, und sie tanzte, zog die Schuhe aus und tanzte.«

Die alltägliche Konfrontation mit dem Rassismus in seiner Arbeitswelt schürte wahrscheinlich Vater Woffords Mißtrauen gegenüber Weißen. Als ein Weißer, der sich vielleicht im Suff in die Nachbarschaft verirrt hatte, eines Nachmittags die Treppe zur Wohnung hochschlich, schloß er daraus, daß der Kerl »seine Töchter befummeln wollte.« Kurzerhand »warf er ihn die Treppe runter und das Dreirad der Kinder hinterdrein.«

Die Frauen der Familie billigten den Weißen immerhin einen Rest guten Willens zu, der irgendwann einmal deren moralische Läuterung auslösen mochte. Ihr Optimismus erklärt sich womöglich aus ihrer religiösen Grundeinstellung, sie waren Jesus-gläubige Stützen der Gemeinde, die Mutter sang im Kirchenchor. Außerdem spielte sich ihr Leben fast ausschließlich im Schutzraum der Nachbarschaft ab, »in den schwarzen Nachbarschaften konnte man sich aufeinander verlassen.« Morrison hat ihr Zuhause »rassistisch« genannt, sie verhehlt nicht, daß sie dort »eine ganz unkindliche gehörige Verachtung für Weiße« erwarb, daß sie noch immer, »wie die meisten Schwarzen meiner Generation«, gleichsam »unter rassisch bedingten Schwindelanfällen leidet« und schwankt, wer von ihren Vorfahren »der Wahrheit über die Lebensmöglichkeiten für Schwarze in diesem Land (den USA) näherkam«, die Männer oder die Frauen.

NOT, REPRESSION, etwa in der Schule – denn die Bürgerrechtsbewegung lag noch in weiter Ferne – und seelische Schädigungen vergällten Chloe aber nicht die Kindheit. »Wir hatten damals den Eindruck, sehr glücklich zu sein.« Die wirtschaftliche Depression beschleunigte sogar die Entwicklung der Kinder zu Überlebensvirtuosen. »Wir hatten wie immer kein Geld, aber wir hatten gelernt, mit Ängsten zu leben, waren flexibel und erfinderisch.« Und zu Hause in der Geborgenheit der Wohnküche lebten schwarze Volkstraditionen und Erinnerungen an den ländlichen tiefen Süden und die Zeit der großen Wanderung. Träume wurden erzählt, die Großmutter führte sogar ein Traumbuch, Träume sollten ihr helfen, im Lotteriespiel richtig zu tippen. Geistergeschichten und Zaubermärchen, manche davon sicherlich afrikanischen Ursprungs, wurden erzählt. Die Wohnküche wandelte sich zum mythischen Raum, in dem es wundersam wie aus den Urtagen der Menschheit raunte:

»Da saßen meine Urgroßmutter, meine Großmutter, meine Mutter und wir Kinder, und es waren immer dieselben Geschichten. Wichtig war, wie sie erzählt wurden, welche Gefühle sie in dir weckten. Als wir älter wurden, luden sie uns ein, selbst zu erzählen, und natürlich waren wir aufgeregt und zitterten, denn eine Geschichte muß gut vorgetragen werden, du kannst sie verändern, gestalten und eigene Nuancen erfinden.«

Aus jener schwarzen Volksliteratur, die mit jedem Erzählen tiefer in sie eingesunken sein wird, erklärt sich wahrscheinlich Morrisons Hang zum Außer- und Übernatürlichen. Ihre beseelte, holistische Welt verurteilt implizit den Dualismus Euro-Amerikas, sein Kartesianisches Denken in

säuberlich getrennten Kategorien, – Geist/Körper, Mensch/
Tier, Zivilisation/Natur, belebte Welt/Objektwelt, Leben/
Tod. Morrison lehnt die Erfindung »neuer Mythen« wie z. B.
jene der *Black Power* Bewegung ab. Sie schöpft ihre
Geschichten aus den überlieferten Quellen ihrer Kultur
und will das Lesepublikum dazu bewegen, »zu fühlen, was
alles bedeutete«. Um ihr Medium Sprache zu diesem Zwecke
möglichst wirkungsvoll einsetzen zu können, muß Morrison
die Ereignisse, die sie beschreiben will, am eigenen Leibe
erfahren. Im kreativen Prozeß wiederholt sich das Leid der
Geschichte der Schwarzen.

Ganz besonders deutlich wird dies an *Beloved* (*Menschenkind*), ihrem 1987 veröffentlichten fünften Roman.
Aus der wahren Geschichte der Sklavin Margaret Garner,
die mit ihren Kindern aus Kentucky über den Fluß Ohio in
die Freiheit flüchtete, und als die Häscher sie stellten, eine
der Töchter noch töten konnte – im Tod wähnte sie das
kleinere Übel –, wird eine in ihrer Schonungslosigkeit
einzigartige Aufbereitung der ganz gewöhnlichen Grau-
samkeit des Sklavenalltags. Die Autorin erhielt dafür den
begehrten Pulitzerpreis, der »moralisch hochwertigen«
Werken vorbehalten ist.

Sechs Jahre lang mühte sie sich unter Schmerzen um den
Text. »Ich bin jetzt im Körper eines Sklaven …, was bedeuten die Peitschenhiebe, was bedeutet das Mauleisen, das sie
dir anlegen, was bedeutet es, wenn eine Mutter ihre geliebte Tochter im Arm hält und mit der anderen Hand nach der
Säge greift, wenn sie sie halten will und töten muß?« »Es
gibt«, sagt Morrison ganz richtig, »eigentlich keine Sprache
dafür«. Dennoch gelingt es ihr gerade in *Beloved*, das
Unsägliche so zu sagen, daß auch widerstrebende Leser

dem Zauber ihrer Sprache verfallen. Die »leidenschaftliche Liebe« der Schwarzen zur Sprache – »sie genießen Wörter, lassen sie auf der Zunge zergehen, experimentieren, spielen mit ihnen« – erwarb Chloe wohl damals beim Erzählen in der Wohnküche. Damals lernte sie auch schon, im Augenblick des Erzählens eine Geschichte zusammenzubauen, fortwährend eine übernommene Melodie schöpferisch improvisierend zu umspielen, den schwarzen Erfindern der Jazz Jam Session vergleichbar, die sie sich später bewußt zum Vorbild erkor.

CHLOE WAR eine gute Schülerin. Ihre durchweg vorzüglichen Hausaufsätze stimmten schließlich die Lehrer so mißtrauisch, daß sie die Kleine eine Probe ihres Könnens unter Aufsicht ablegen ließen. Durch eine Leistung, die über das geforderte Maß in verblüffender Weise hinausschoß, setzte sie die Zweifler schachmatt: »Ich schrieb mit Feder und Tinte drei Seiten voll – gereimt und in Versen.« Als einziges Kind ihres Jahrgangs konnte sie bereits bei der Einschulung lesen. Kaum in der Pubertät, verschlang sie anspruchsvolle Literatur, z. B. die um 1800 entstandenen Geschichten der Engländerin Jane Austen, die großen russischen Romane des 19. Jahrhunderts und Gustave Flauberts *Madame Bovary*, alles Werke, die sie nachhaltig beeindruckten: »Jene Bücher waren nicht für ein kleines schwarzes Mädchen in Lorain, Ohio, geschrieben worden«, aber die darin vermittelten jeweils fremden Welten waren so lebendig, »sie waren so hinreißend durchgestaltet, daß … sie in ihrer Eigenart direkt zu mir sprachen.« Als Morrison viele Jahre später an ihrem ersten Roman arbeitete, orientierte sie sich an diesen Vorbildern. »Ich wollte genau wie sie die Eigenart der Kultur, in der ich aufgewachsen war, einfangen.« Trotz ihrer Liebe zur Literatur und ihres offenkundigen Schreibtalents, war ihr der Einfall, Schriftstellerin zu werden, nie gekommen. Ihr Idol, dem sie nacheifern wollte, stellte vielmehr Maria Tallchief dar, indianischstämmiger Megastar des klassischen Balletts. Unmöglich zu sagen, wie lange sie diesen Traumberufswunsch hegte. Jedenfalls machte sie 1949 ihren High-School-Abschluß, mit *honors*, mit Auszeichnung, als Lohn dafür erhielt sie ein Stipendium für die damals noch schwarze Howard Universität in Washington, D.C. Erfüllt von hochgespannten Erwartungen traf sie auf dem Campus inmitten der quirligen Hauptstadt ein, glaubte allen Ernstes, dort lauter »brillante junge Schwarze«, bildungshungrig, leistungsorientiert und arbeitswütig wie sie selbst, versammelt zu finden. Aus allen Blütentraumwolken fiel sie, als sie feststellen mußte, daß ihre Kommilitonen sich am meisten für »Heiraten, Klamotten und Parties« interessierten. Von der Popularität bei dem jeweils anderen Geschlecht, zumal für junge Damen weitaus wichtiger als akademische Leistungen, zeugte der volle Freizeitterminkalender, und wehe denen, die abends über ihren Büchern im Studentenwohnheim hockten. Die stockkonservative Truman-Ära neigte sich dem Ende zu. Ihr folgte die gleichermaßen konservative Eisenhower-Ära, das sozial vorbestimmte Schicksal für Frauen bestand weiterhin in Ehe, Mutterschaft und Haushaltsführung. Morrison erinnert sich, daß Studentinnen »einerseits wie unartige Kinder behandelt wurden … und andererseits wie begehrte Stars einer Nacht«, aber nie wie Personen mit einem Recht auf Individualität.

Morrison studierte Anglistik und Latein, auch darin hatte sie es als Schülerin weit gebracht, hatte Ovids *Metamorphosen* aus eigenem Antrieb übersetzt. Das Studium unterforderte sie intellektuell, aber die Altphilologie vermittelte ihr immerhin einen wertvollen Fundus literarischer und geistesgeschichtlicher Kenntnisse, ein Füllhorn, aus dem sich die Schriftstellerin zumal in ihren frühen Werken freizügig bediente. Alle ihre Romane sind reich an Anspielungen und Symbolen. Ein besonders eindrucksvolles Beispiel ihrer unangestrengten Vertrautheit gerade mit Traditionen des Altertums stellt *Solomons Lied* dar. Dessen Hauptfigur, einziger Sohn des despotischen Immobilienhais im Schwarzenviertel einer mittelwestlichen Stadt, rückt Morrison in die Nähe von Kulturhelden wie Ödipus, Perseus, Gilgamesch u. a.; bereits die Vorzeichen seiner Geburt und dann auch diese selbst stellen einen ironischen Bezug zu dem von Otto Rank herausgearbeiteten Monomythos des Heldenlebens her.

AN DER UNIVERSITÄT heißt Chloe schon bald Toni. Stellte dieser Wandel tatsächlich, wie Morrison behauptet, ein Zugeständnis an die Kommilitonen dar, die sich mit der korrekten Aussprache ihres antiken Namens angeblich schwertaten, oder war sie seiner überdrüssig, war er ihr vielleicht zu altbacken? Zu ihrem Glück fand Toni doch noch Gleichgesinnte in Howard. Die Theatergruppe wurde ihre neue Heimat. Toni trat in etlichen Stücken auf und erlebte während einer Tournee der University Players erstmals den Süden, seine Politik der Apartheid, am eigenen Leibe.

1953 erlangte sie einen offenbar herausragenden B.A.
(Bachelor of Arts)-Abschluß und entschloß sich, das
Magisterstudienangebot der Cornell Universität anzunehmen. Wenn Morrison sagt, »es gab sonst keinen Ort, an den
ich hätte gehen können«, so kann dies wohl nur heißen, daß
sie damals über keine genauen Lebenszielvorstellungen
verfügte und aus schierer Verlegenheit erst einmal weiter-
studierte. Auf die akademischen Anforderungen einer
Bildungsanstalt, die zur sogenannten *Ivy League (Efeu-
Liga)* der acht etablierten Eliteinstitutionen der amerikanischen Ostküste gehört, hatte Howard sie nicht vorbereitet. Nun hieß es wirklich kämpfen. Der schwarzen
Arbeitertochter muß das in einer Welt vornehmlich des
gehobenen weißen Mittelstands, in einer Welt der vom
Schicksal maßlos Begünstigten, schwergefallen sein. Zäh
biß sie sich durch. Ihre Magisterarbeit verfertigte sie über
das Thema des Selbstmords in den Werken von William
Faulkner und Virginia Woolf. Langfristig betrachtet trug die
Tortur reiche Früchte. Von Woolfs innovativer Handhabung
des lyrischen inneren Monologs konnte sie sich viel
abgucken. Der in Mississippi beheimatete Faulkner, der
sich immer wieder anhand der schuldbeladenen weißen
Südstaatengesellschaft mit der Aufarbeitung der eigenen
Geschichte, der unerläßlichen Bewältigung traumatischer
Vergangenheit befaßt hat, sollte Morrison noch nachhalti-
ger beeinflussen. Ihre Geschichten stellen die andere, die
schwarze Kehrseite derselben Medaille dar, und allein aus
diesem Grunde trifft zu, was sie behauptet: »Ich bin *nicht*
wie Faulkner.« Dennoch, sein Einfluß ist vielfach spürbar
bis hinein in ihre dichtgewobenen, bedeutungsbefrachte-
ten Sätze. Als »ziemlich wackelig« hat Morrison ihre Magi-

sterarbeit bezeichnet, nicht eben blendend dürfte folglich ihr Abgang aus Cornell im Jahr 1953 gewesen sein.

Aber von Cornell beschert, reichte es allemal für eine Dozententätigkeit an der Texas Southern University in Houston. Dort, in der Wildnis fern der Heimat und Kultur – den Aufschwung zur Kulturmetropole erlebte die Stadt erst später – brachte sie Studienanfängern aus bildungsfernen Sozialmilieus die Grammatik ihrer Muttersprache bei, lehrte sie, deren Wörter richtig auszusprechen. Längst bieten so gut wie alle US-Universitäten notgedrungen derlei Kurse an. Diese gesellschaftlich nützliche Tätigkeit dürfte Toni gehörig unterfordert haben. Froh und erleichtert wird sie also 1957 nach Howard zurückgekehrt sein, ihre Mitgliedschaft im Lehrkörper der Anglistik bedeutete zweifellos einen Sprung nach oben auf der Karriereleiter. Inzwischen wehte auch in Howard ein anderer politischer Wind. 1957 verabschiedete der amerikanische Kongreß das erste Bürgerrechtsgesetz seit einem dreiviertel Jahrhundert, um endlich das Wahlrecht der Schwarzen im Süden zu gewährleisten, und setzte eine Kommission ein, die weitere legislative Maßnahmen vorbereiten sollte. Auf dem Campus gärte es mächtig. Zu Tonis Studenten zählten der umtriebig militante Stokeley Carmichael, der in den sechziger Jahren die schwarze Bürgerrechtsbewegung vom friedlichen Weg Martin Luther Kings abbringen wollte, sowie Amiri Baraka, damals noch LeRoi Jones, der zur selben Zeit schwarzen Separatismus medienwirksam ausagierte und in seinen literarischen Werken propagierte. Baraka überschüttete im nachhinein das Howard seiner Studienära mit Verachtung – »da lernte ich die Negerkrankheit kapieren. Da brachten sie dir bei, wie man vorgibt, weiß zu sein.« Meinte er mit »sie« auch die Dozentin Toni Wofford?

DIE JAHRE des großen schwarzen Aufbruchs, der Märsche, Demos, Sit-Ins, und Gettoaufstände verbrachte sie in Howard. In diese aufregende Zeit fällt auch ihre Eheschließung mit dem jamaikanischen Architekten Harold Morrison und die Geburt ihrer Kinder, beide Söhne. Die wenigen spärlichen Bemerkungen, die sie sich bislang über ihre Ehe abringen konnte, eröffnen den Blick auf eine Frau, die damals ihrer so hart erkämpften Individualität nahezu beraubt wurde und wie in einem Gefängnis zu verkümmern drohte. »Es war, als besäße ich nur noch meine Imagination. Ich hatte keinen Willen mehr, kein Urteilsvermögen, keine Perspektive, keine Macht, keine Autorität, kein Selbst.« Wie konnte es so weit kommen? Wie konnte eine stets energiegeladene, in anspruchsvoller Weise berufstätige Frau sich in ihrem Privatleben derartig zurückschneiden lassen? War sie Harold Morrison, der ein hochgradig patriarchaler Macho gewesen sein muß, in irgendeiner Weise hörig? Machte womöglich ein anerzogener traditionalistischer Glaube an die Unauflöslichkeit der Ehe sie wehrlos, oder ein trotzig idealistischer Anspruch an sich selbst, das eingegangene Wagnis der bikulturellen Ehe, noch dazu mit einem Mann aus einem unverfälschten afrikanischen Kulturkreis, unbedingt aushalten zu müssen? Jedenfalls war der sich in ihr anstauende Leidensdruck segensreich für die Geschichte der Literatur. Eingegrenzt auf ihren »brutalen Sinn für die Ironie des Schicksals, auf ihre Melancholie und bebende Hochachtung vor Wörtern«, begann sie zu schreiben. »Ich schrieb wie jemand, der einer schmutzigen Gewohnheit frönt. Heimlich, zwanghaft, listig.« Sie schloß sich einer Autorengruppe an, deren Mitglieder sich einmal monatlich trafen, um einander aus ihren in Arbeit befindlichen Manuskripten vorzulesen. Morrison führte zunächst »irgendwelchen Plunder« aus ihrer Schulzeit vor. Eines Tages jedoch, als wieder ein Treffen anstand, war die Plunderkiste leer. Flugs erfand sie die Geschichte von einem kleinen schwarzen Mädchen, das sich sehnlichst blaue Augen wünscht, und hatte damit die Kernhandlung ihres ersten Romans entdeckt. Das neue kreative Leben jenseits des Sogs patriarchaler Herrschaft und die Anbindung an eine Gruppe Gleichgesinnter mögen ihr schließlich die Kraft gegeben haben, ihre Fesseln zu sprengen und aus dem Ehegefängnis auszubrechen. 1964 ließ sie sich scheiden und kehrte mit den Kindern zunächst ins Elternhaus, nach Lorain, zurück. Wenn die eheliche Beziehung ihr so weh getan hatte, daß sie seither partnerschaftliche Bindungen scheut, warum warf sie dann nicht auch den Ehenamen ab? Vielleicht weil er den entscheidenden Schritt zum autonomen Künstlerinnentum bezeugte.

Lorain stellte lediglich eine Zwischenstation dar, denn bereits 1965 zog sie mit ihren Söhnen nach Syracuse im Staat New York, um dort für eine Zweigstelle des renommierten Random House Verlags als Lektorin zu arbeiten. In ihrer kargen Freizeit, morgens von fünf bis sieben Uhr, während die Kinder noch schliefen, schrieb sie weiter an ihrer Geschichte von der vernachlässigten Tochter eines schwarzen Dienstmädchens, die aus Liebeshunger sich Augen so blau wie die des allseits vergötterten Kinderstars Shirley Temple wünscht und über diesem utopischen Verlangen dem Wahnsinn verfällt. Noch vor der Fertigstellung – so unsicher fühlte sie sich – sandte sie das Manuskript ein und erhielt die erhoffte Ermutigung. Der hilfreiche Lektor muß wirklich tief beeindruckt gewesen sein. Nachdem er zu Holt, Rinehart & Winston gewechselt war, meldete er sich bei ihr und sorgte für die Veröffentlichung von *Sehr blaue Augen* bei diesem angesehenen Verlag. Der Erstling verkaufte sich zunächst nicht sonderlich gut, fand aber eine positive kritische Resonanz, u. a. in der *New York Times*, bekanntermaßen ein Trendsetter. Dieses Echo, das Morrisons Debüt wie eine Boje aus dem Meer der rund einhunderttausend Neuerscheinungen allein auf dem Gebiet des Romans in den USA ragen ließ, gab ihr den nötigen Schwung für die Arbeit an ihrem zweiten Erzählwerk. *Sula*, veröffentlicht 1973, stellt in mancherlei Hinsicht eine Fortschreibung von *Sehr blaue Augen* dar und erweckte wegen seiner feministischen Orientierung sogleich das Interesse von *Women's Lib;* diese militante Frauenbewegung war mittlerweile in den USA zahlenmäßig stark und einflußreich geworden.

TROTZ IHRES ERFOLGS verstand Morrison sich noch immer nicht als Schriftstellerin, sondern als »Lektorin und Mutter, die auch schreibt«. Bereits seit 1967 wirkte sie als leitende Mitarbeiterin in der Manhattan Zentrale von Random House. Sie betreute sechs bis sieben Veröffentlichungen pro Jahr und förderte etliche inzwischen bekannte schwarze Erzähler, so Henry Dumas, Gayl Jones und Toni Cade Bambara. Durch ihre Verlagstätigkeit ebenso wie durch ihr eigenes Œuvre wollte Morrison einen »Kanon

wahrhaft schwarzer Literatur« entwickeln helfen. »Die erste
Welle schwarzer Unterhaltung, wo Schwarze für Weiße
schrieben und Weiße diese Art Selbstkasteiung guthießen,
haben wir gottlob hinter uns. Jetzt«, so verkündete sie damals programmatisch, »können wir uns einer Schreibkunst
zuwenden, in der Schwarze zu Schwarzen sprechen.« Die
Vielbeschäftigte rezensierte obendrein wie besessen, vor-
rangig schwarze Erzählliteratur; der mächtige *New York
Times Book Review* druckte allein zwischen 1971 und 1972
achtundzwanzig ihrer Besprechungen. Zusätzlich nahm sie
Gastprofessuren an verschiedenen Universitäten wahr, obwohl es ihr immer schwerfiel, impulsives Schreiben, zu dem
sie sich bekennt, und die analytische Distanz fordernde
Lehre in Einklang zu bringen. Jahrelang sammelte sie
schwarzes Quellenmaterial aller Art, historische Überliefe-
rungen, Fotos, Anekdoten, Rezepte, Lieder, Schüttelverse,
Reklametexte, Poster usw. Die Sammlung, die sie 1974 gemeinsam mit Middleton Harris unter dem Titel *Black Book
(Schwarzes Buch)* herausbrachte, war gedacht als »die Geschichte all jener namenlosen Männer und Frauen, die in
der konventionellen Historiographie nur durch ihre Führer
zu Worte kommen«. Sie enthält auch die Volkslegende von
einem afrikanischen Stamm, dessen Mitglieder fliegen können und sich den Sklaventraum von der Rückkehr in die
Heimat erfüllen. Morrison verwendete die Legende für
Solomons Lied, ihren ersten Bestseller, der schnell Klassi-
kerstatus erlangte und der Autorin so begehrte Preise wie
den *National Book Award* einbrachte. Der überaus große
Erfolg dieses Buches gab ihr den Mut, sich fortan als
Berufsschriftstellerin zu begreifen und anderen Tätigkeiten
nur dann nachzugehen, wenn sie ihrer Mission dienten.

AUF DER WOGE von Erfolg und Anerkennung schwimmend, wird Morrison immer mehr zur öffentlichen Institution. Sie scheint in ihrer erkorenen Mission als afrikanisch-amerikanische Künstlerin und Förderin schwarzer Belange in Kultur und Gesellschaft aufzugehen. Angesichts der zunehmenden Verelendung der in den Gettos zurückgebliebenen Schwarzen war ihr Zorn schon groß, noch bevor die konservativen Republikaner Reagan und Bush die Sozialetats radikal kürzten. Da sich die Lage nicht allein armer Schwarzer stetig verschlechtert hat, ist ihr inzwischen gewaltiger Zorn, so ethnozentrisch und fanatisch er gelegentlich anmuten mag, durchaus begreiflich. Seit den siebziger Jahren spielt sich Morrisons Leben vor allem an der Ostküste ab; die Großverdienerin besitzt schon bald neben einer Wohnung im teuren Manhattan ein traumhaft schönes Anwesen direkt am Fluß in einer dünnbesiedelten Gegend des Staates New York. Weder der New Yorker High Society und Snobiety noch irgendwelchen Künstlercliquen und selbsternannten Szenen ist es jedoch je gelungen, die Berühmte in den Rummel des Partytreibens hineinzuziehen und sich mit ihr zu schmücken. Abende verbringt sie mit Vorliebe am Schreibtisch, Freizeit im Garten. Man mag sich vorstellen, wie sie pflanzend und pflegend im Garten abwartet, Einfälle gären läßt, bis der *Furor poeticus* wieder einmal Besitz von ihr ergreift. Denn Morrison vertritt nicht jenen Künstlertypus, der sich einem regelmäßigen Tagesrhythmus unterwirft, der gleich einem Beamten alter Schule nach der Uhr arbeitet. Sie plant ihre Werke langsam im Kopf und fängt erst an zu schreiben, impulsiv, »wenn sie so richtig in Fahrt ist« und »die Figuren bereits getroffen hat, ihre Dialoge hört, ihre Namen kennt«. Wie die Publikationsdaten belegen, braucht sie mehrere Jahre für einen Roman von höchstens mittlerer Länge. Immer unzufrieden mit der eigenen Leistung, ringt sie um jedes Wort, bis der Verlag ihr das Manuskript endlich entreißen kann.

Seit dem Riesenerfolg von *Solomons Lied*, der sie endgültig etablierte, hat es jedoch auch künstlerische Rückschläge gegeben. *Teerbaby* wurde größtenteils, selbst von ihren Bewunderern, negativ rezensiert, und *Jazz*, ihr jüngstes Werk, als zweiter Teil einer mit *Menschenkind* begründeten Trilogie über die *post-bellum*-Erfahrung der Schwarzen in den USA intendiert, wurde verrissen. Zu glatt, zu gefällig, fanden Kritiker diese Darstellung der Harlem Renaissance. Die Imagination der Autorin habe, so das weitverbreitete Urteil, versagt. Die skeptischen Kritiker, die immer schon Zweifel an der formalen Gestaltungskraft von Toni Morrison hatten, sind nie verstummt, und hinter vorgehaltener Hand ist im Laufe der Jahre oftmals die Behauptung gefallen, daß sie zum Teil mit übertriebenem Lob bedacht wurde, weil sie im richtigen historischen Moment Frau war und obendrein schwarz. Daß ihr wunderschönes Anwesen vor kurzem vollkommen abbrannte, bekommt in den Augen dieser Kritiker so auch eine symbolische Bedeutung: als Wetterleuchten am Horizont. Toni Morrison selbst wird der Verlust aller ihrer Manuskripte, die sie leider dort aufbewahrte, am meisten geschmerzt haben.

LEBENSLÄUFE

LOU ANDREAS-SALOMÉ, Schriftstellerin und Psychoanalytikerin, geboren 1861 als Louise von Salomé in St. Petersburg,
gestorben 1937 in Göttingen, ist heute vor allem wegen ihrer
Beziehungen zu Nietzsche und Rilke ein Begriff, über die sie auch
wissenschaftliche Studien verfaßte. In Vergessenheit geraten war
dagegen bis vor kurzem ihre journalistische Tätigkeit (u. a. für die
Vossische Zeitung, Pan, Imago, Neue Deutsche Rundschau), die sie
um die Jahrhundertwende zu einem einflußreichen Faktor im
deutschsprachigen Kultur- und Geistesleben werden ließ. Dane-
ben verarbeitete sie sowohl Autobiographisches als auch ihre
Gedanken zu Religion, Philosophie und der Rolle der Frau in
eher konventionell erzählten Romanen und Erzählungen wie *Im
Kampf um Gott, Menschenkinder, Im Zwischenland* oder *Ródinka*.
Obwohl sie die Frau dem Mann gegenüber in keiner Weise als
unterlegen ansah, setzte sie sich der Kritik mancher Frauen-
rechtlerinnen aus, als sie deren Forderung nach sozialer und politischer Gleichberechtigung der Geschlechter eine Absage erteilte.
Statt dessen vertrat sie die Meinung, die Unterschiede zwischen
den Geschlechtern könnten schon deshalb nicht überwunden
werden, weil der triebhaften, eher als negativ empfundenen
Sexualität des Mannes die ganzheitlichere, tiefer empfundene der
Frau entgegenstünde. Ziel der Frau sollte vielmehr die freie
Gestaltung des eigenen Lebens sein, was aber nicht unbedingt
eine Berufstätigkeit erforderte. Selbst übte sie ab 1914 den Beruf

der Psychoanalytikerin aus, wobei sie die Theorien ihres Lehr-
meisters Sigmund Freud nicht in allen Einzelheiten übernahm.
Ihr Lebensrückblick erschien 1934, der Erfahrungsbericht *In der
Schule bei Freud* erst lange nach ihrem Tod, 1958.

HANNAH ARENDT Am 14. Oktober 1906 wird Hannah Arendt
in Hannover geboren. Nach dem Abitur nimmt sie ein Studium
der Philosophie, Theologie und Klasssischen Philologie in Marburg – u. a. bei Martin Heidegger und Rudolf Bultmann –, in
Freiburg bei Edmund Husserl und in Heidelberg bei Karl Jaspers
auf, bei dem sie schließlich 1928 mit einer viel beachteten Arbeit
über den »Liebesbegriff bei Augustinus« promoviert. Nach Abschluß der philosophischen Studien bei Heidegger und Jaspers
widmet sie sich vor allem dem Problem der kulturellen jüdischen
Identität und ihrer gesellschaftlichen Problematik; das Ergebnis
ist später ihr Buch über Rahel Varnhagen. 1940 flieht sie vor den
Judenverfolgungen des Dritten Reiches nach Amerika, wo sie
zunächst an der deutschsprachigen jüdischen Zeitung »Aufbau«
mitarbeitet sowie als Cheflektorin bei Schocken Books. Ab 1953
schlägt sie die universitäre Laufbahn ein; sie hält Vorlesungen und
nimmt später auch Professuren an den Universitäten von Chicago
und New York an.
Am 4. Dezember 1975 stirbt Hannah Arendt; ihre Urne wird im
folgenden Frühjahr im Park von Bard College beigesetzt.

DJUNA BARNES, geboren am 12. Juni 1892 in einem Chalet
am Storm-King-Mountain bei Cornwall-on-Hudson, New York,
wuchs in einer außergewöhnlich privilegierten Atmosphäre auf:
Der Vater, ein vermögender Lebemann, bewirtschaftete eine
große Farm und unterrichtete seine Kinder selbst, um seinen
Vorstellungen von einem Leben in Unabhängigkeit von der
Gesellschaft nachzukommen. So wie ihr Vater zu eigenen Libretti

Opern komponierte, begann auch Djuna schon früh, Gedichte und Stücke zu schreiben und sie selbst in Szene zu setzen. Mit knapp 19 Jahren begann dann ihre Karriere: Sie studierte Kunst und Design in New York, veröffentlichte erste Gedichte, Kurzgeschichten und Illustrationen, arbeitete als Kolumnistin, Essayistin, Theaterkritikerin und Schauspielerin. 1920 ging sie als Korrespondentin nach Paris. 1923 erschien in New York *A Book*, mit dem sie sich als Schriftstellerin auch in Paris durchsetzte.
1940 verließ Djuna Barnes das im Krieg liegende Europa. Seitdem lebte sie fast in völliger Abgeschiedenheit, verbittert und verarmt in ihrem Appartement in Greenwich Village. In dieser Abgeschiedenheit entstand ihr Alterswerk, das Versdrama *Antiphon*. Djuna Barnes starb am 18. Juni 1982.

SIMONE DE BEAUVOIR wurde am 9. Januar 1908 in eine Pariser großbürgerliche Familie hineingeboren; von frühester Jugend an lernte sie gern und diszipliniert, suchte sich dabei aber möglichst ihre geistige Unabhängigkeit zu bewahren. Die Verarmung im ersten Weltkrieg erschwerte eine konventionelle Frauenlaufbahn als Ehefrau und Mutter und ebnete ihr den Weg zum Philosophiestudium als Vorbereitung auf den Beruf als Lehrerin. Jean-Paul Sartre lernte sie 1929 auf der Ecole Normale Supérieure kennen. Ihre zur Legende gewordene Beziehung zu Sartre, eine »wilde Ehe« ohne sexuelle Treueverpflichtung, aber mit regem intellektuellem Austausch und bei völliger Gleichberechtigung beider Partner, galt Feministinnen in den 70er Jahren als vorbildlich. Während der deutschen Besatzung Frankreichs erwachte ihr politisches Verantwortungsgefühl und bildete sich ihre – von der Sartres etwas abweichende – existentialistische Philosophie heraus. Nach dem Krieg wirkte sie an Sartres *Les Temps Modernes* mit, einer der Verbreitung der existentialistischen Idee gewidmeten Zeitschrift, durch die beide zu Frankreichs berühmtesten linken Intellektuellen wurden.

Endgültig aus Sartes Schatten trat sie nach der Veröffentlichung von *Das andere Geschlecht* (1949); darin machte sie die benachteiligte Situation der Frau nicht nur an den herrschenden sozialen und politischen Verhältnissen fest, sondern auch an ihrer Bereitschaft, sich auf das Biologische reduzieren zu lassen. Zur überzeugten, streithaften Feministin wurde sie in den siebziger Jahren, in denen sie sich auch zunehmend mit Fragen des Alterns auseinandersetzte. Simone de Beauvoir verstarb am 14. April 1986.

FLANNERY O´CONNOR Mary O´Connor, die sich selbst Flannery nannte, wurde am 25. März 1925 in Georgia (USA) geboren. Sie besuchte katholische Dorfschulen und später das Georgia Woman´s College. Nach einer literarischen Ausbildung an der Universität Iowa schloß sie 1941 ihr Studium ab und arbeitete fortan als Schriftstellerin. 1964 starb sie mit 39 Jahren an Muskelschwund wie ihr Vater. In deutscher Sprache liegen von ihr vor: *Die Gewalt tun; Ein guter Mensch ist schwer zu finden; Die Lahmen werden die ersten sein* (alle im Diogenes Verlag).

SOPHIE MEREAU-BRENTANO wird 1770 als zweites von drei Kindern eines herzoglichen Sekretärs und Oberbuchhalters in Altenburg, Sachsen, geboren. Nach ihrer Hochzeit 1793 mit Karl Mereau, einem Studienfreund ihres Stiefbruders, zieht sie nach Jena. Im Rahmen ihrer Rolle als Professorengattin bemüht sie sich um ihre Weiterbildung an der Universität. Seit 1791 betätigt sie sich als Übersetzerin und Schriftstellerin, hat Kontakt mit Schiller, Goethe und Schlegel.

1801 wird sie von Mereau geschieden und zieht mit ihrer Tochter nach Weimar, wo sie von ihren Einnahmen als Schriftstellerin leben. 1803 heiratet sie Clemens Brentano, zieht zunächst zu ihm nach Marburg und dann mit ihm nach Heidelberg. 1806 stirbt sie bei einer Totgeburt.

TONI MORRISON wird am 18. Februar 1931 in Ohio, USA, als zweites von vier Kindern eines Arbeiterehepaares geboren. Nach Abschluß ihres Literaturstudiums nimmt sie eine Lehrtätigkeit an der Texas Southern University und dann an der Howard University auf. Sie heiratet den Architekten Harold Morrison, mit dem sie zwei Söhne hat. Nach ihrer Scheidung 1964 kehrt sie zunächst an ihren Geburtsort zurück, zieht dann aber 1965 nach New York, wo sie als Lektorin arbeitet. In dieser Zeit beginnt sie als Schriftstellerin hervorzutreten und veröffentlicht mit großem Erfolg mehrere Romane. 1993 erhält sie den Nobelpreis für Literatur. Sie arbeitet und lehrt in New York.

BOŽENA NĚMCOVÁ wird wahrscheinlich im Frühjahr 1816 als Barbara Panklová in Wien geboren, als Tochter von Dorothea Talleyrand-Perigord und Karel Clam-Martinic. Sie wird von Theresia und Johann Pankl, die in der Folge zwölf Kinder haben, adoptiert und 1820 ins nordostböhmische Ratiboritz gebracht, wo sie ihre Kindheit verlebt. 1837 heiratet sie den Finanzwach-angestellten Josef Němec, einen tschechischen Patrioten, der sie in die national engagierten Prager Kreise einführt. Da er oft versetzt wird, lernt sie das Land gut kennen, sie verfaßt volkskundliche Skizzen und sammelt Märchen. Ihr Hauptwerk, *Die Großmutter*, geschrieben nach dem Tode des ältesten ihrer vier Kinder, macht sie berühmt. Trotzdem leidet sie große Not, zumal ihr Mann schließlich aus politischen Gründen die Arbeit verliert und die Ehe zerbricht. Die »gute« Gesellschaft ächtet sie wegen ihres unkonventionellen Lebensstils, und weil sie unter Polizeiaufsicht steht. Sie stirbt 1862 nach schwerer Krankheit in Prag.

FRANTIŠKA F. PLAMÍNKOVÁ wird im Februar 1875 in einer aufgeklärten Familie eines Handwerkers in Prag geboren. Schon früh wird sie in der Werkstatt ihres Vaters mit politischen Diskusssionen vertraut. Sie wird Lehrerin und bringt das Interesse an der Politik bald in die Frauenbewegung ein, wo sie um die Durchsetzung der politischen Rechte der Frauen kämpft. Als Senatorin in der Ersten Tschechoslowakischen Republik ist sie eine der ersten Frauen in der Politik überhaupt. Als Mitbegründerin des Tschechischen Frauenklubs sowie des Nationalen Frauenrates legt sie den Grundstein für die organisierte Frauenbewegung und schafft in persona eine Verbindung zwischen der Frauenbewegung und der Politik. Františka F. Plamínková wird in der Zeit nationalsozialistischen Terrors nach dem Attentat auf den Reichsprotektor Heydrich 1942 hingerichtet.

GERTRUDE STEIN war eine der ersten »Amerikanerinnen in Paris« und als Kunstsammlerin und Gastgeberin eine Institution von weitreichender kunst- und literaturgeschichtlicher Bedeutung. Ihr eigenes, sehr umfangreiches schriftstellerisches Œuvre galt dagegen lange Zeit als zweitrangig und kaum verständlich; erst im Zeichen der Postmoderne erfuhr es eine Neueinschätzung. Geboren wurde sie am 3. Februar 1874 in Pennsylvania als fünftes Kind einer wohlhabenden jüdischen Kaufmannsfamilie, die sich häufig in Europa aufhielt. Ein besonders enges Verhältnis hatte sie zum nächstälteren Bruder Leo, dem sie vor allem nach dem Tod ihrer Eltern nacheiferte: 1893 folgte sie ihm nach Harvard und studierte wie er Psychologie bei William James, dessen Theorien zum Bewußtseinsstrom sie zeitlebens beeinflußten; 1903 ging sie zu Leo nach Paris. Ihr bis 1913 gemeinsam bewohntes Haus in der Rue de Fleurus 27, das ab 1909 auch ihre Lebensgefährtin Alice B. Toklas beherbergte, wurde zunächst Anlaufpunkt für Maler wie Picasso und Matisse, nach dem Ersten Weltkrieg dann vor allem für junge amerikanische Autoren, für die sie die Bezeichnung »lost generation« prägte und zu deren Ruhm sie maßgeblich beitrug. Sie selbst wurde – zumindest in Amerika – erst in den dreißiger Jahren berühmt: durch ihre ungewöhnlich lesbar geschriebene *Autobiography of Alice B. Toklas* (1933), ihren einzigen Bestseller, und eine Vortragsreise durch die USA, auf der sie ihre Kunstauffassung erläuterte. Sie machte sich jedoch nicht nur Freunde: Mit Bruder Leo zerstritt sie sich über den von ihr bewunderten Kubismus, den sie auch im Stil ihrer Texte einzufangen versuchte; mit Hemingway, der sich für die Veröffentlichung ihres Romans *The Making of Americans* stark gemacht hatte, entzweite sie sich später; und mit Joyce stand sie von vornherein auf Kriegsfuß, angeblich weil sie ihn als einzigen wirklichen Rivalen um die Bezeichnung »genialster lebender Schriftsteller« fürchtete. Sie starb 1946 in Neuilly-sur-Seine und überlebte Joyce somit um eine halbe Dekade.

NACHWEISE

Bettina Bremer / Angelika Schneider *Sophie Mereau-Brentano*
Erstveröffentlichung in: Sophie Mereau, *Amanda und Eduard.*
Ein Roman in Briefen; Freiburg 1993.
© Kore Verlag GmbH, Freiburg.

Susanna Roth *Božena Němcová*
Erstveröffentlichung in: Alena Wagnerová (Hrsg.), *Prager Frauen*;
Mannheim 1995.

Gertrud Bäumer *Lou Andreas-Salomé*
Erstveröffentlichung in: Gertrud Bäumer, *Gestalt und Wandel:*
Frauenbildnisse; Berlin 1939 (gekürzt).

Natalie Clifford Barney *Gertrude Stein*
Aus dem Französischen von Nicolaus Bornhorn
Dt. Erstveröffentlichung in: Natalie Clifford Barney, *Indiskrete*
Erinnerungen. Die Verteidigung der Liebe; Mannheim 1995 (ge-
kürzt; frz. Orig. 1963).

Soňa Hendrychová *Františka F. Plamínková*
Erstveröffentlichung in: Alena Wagnerová (Hrsg.), *Prager Frauen*;
Mannheim 1995.

Brigitte Siebrasse *Djuna Barnes*
Erstveröffentlichung unter dem Titel: »Wer hat Angst vor Djuna Barnes?« in: *Freibeuter* (1984), S. 25–35.

Helen Wolff *Hannah Arendt*
Erstveröffentlichung unter dem Titel: »Was Liebe ist«, in: *du*, Heft Nr. 11 (Nov. 1993), S. 93.

Grazia Livi *Simone de Beauvoir*
Aus dem Italienischen von Maja Pflug
Deutsche Erstveröffentlichung unter dem Titel »Simone de Beauvoir. Die Entscheidung«, in: Grazi Livi, *Die Buchstaben meines Namens*; München: Verlag Antje Kunstmann 1995.

Alice Walker *Flannery O'Connor*
Aus dem Amerikanischen von Thomas Lindquist
Dt. Erstveröffentlichung unter dem Titel »Das letzte Wort haben die Pfauen – eine Wiederbegegnung mit Flannery O'Connor« in: *Die Erfahrungen des Sudens*, Frauenbuchverlag, München 1988.
© Verlag Antje Kunstmann, München.

Astrid Swift *Toni Morrison*
Erstveröffentlichung in: *Frei und Frau. Außergewöhnliche Lebensbilder*; Düsseldorf 1994.

GOLDMANN KLASSIKER MIT ERLÄUTERUNGEN
Deutschsprachige Autoren

Rainer Maria Rilke (1875 – 1926)

Geschichten vom lieben Gott

Inhalt: Das Märchen von den Händen Gottes – Der fremde Mann – Warum der liebe Gott will, daß es arme Leute gibt – Wie der Verrat nach Rußland kam – Wie der alte Timofei singend starb – Das Lied von der Gerechtigkeit – Eine Szene aus dem Ghetto von Venedig – Von Einem, der die Steine belauscht – Wie der Fingerhut dazu kam, der liebe Gott zu sein – Ein Märchen vom Tod und eine fremde Nachschrift dazu – Ein Verein, aus einem dringenden Bedürfnis heraus – Der Bettler und das stolze Fräulein – Eine Geschichte, dem Dunkel erzählt – Anhang: Ein Brief des lahmen Ewald

Mit einem Nachwort, einer Zeittafel zu Rilke, Anmerkungen und bibliographischen Hinweisen von Professor Dr. Franz Loquai, Universität Bamberg
(7664)

Die Aufzeichnungen des Malte Laurids Brigge

Inhalt: Die Aufzeichnungen des Malte Laurids Brigge – Anhang: Aus dem Nachlaß: Erste Fassung des Anfangs der Aufzeichnungen – Zweite Fassung des Anfangs der Aufzeichnungen – Ursprünglicher Schluß der Aufzeichnungen – Erste Fassung – Zweite Fassung

Mit einem Nachwort, einer Zeittafel zu Rilke, Anmerkungen und bibliographischen Hinweisen von Professor Dr. Franz Loquai, Universität Bamberg
(7680)

Zwei Prager Geschichten

Mit einem Nachwort, einer Zeittafel zu Rilke, Anmerkungen und bibliographischen Hinweisen von Professor Dr. Franz Loquai, Universität Bamberg
(7691)

GOLDMANN

*Das Gesamtverzeichnis aller lieferbaren Titel erhalten Sie
im Buchhandel oder direkt beim Verlag.*

Taschenbuch-Bestseller zu Taschenbuchpreisen
– Monat für Monat interessante und fesselnde Titel –

✳

Literatur deutschsprachiger und internationaler Autoren

✳

Unterhaltung, Thriller, Historische Romane
und Anthologien

✳

Aktuelle Sachbücher, Ratgeber, Handbücher
und Nachschlagewerke

✳

Esoterik, Persönliches Wachstum und
Ganzheitliches Heilen

✳

Krimis, Science-Fiction und Fantasy-Literatur

✳

Klassiker mit Anmerkungen, Autoreneditionen
und Werkausgaben

✳

Kalender, Kriminalhörspielkassetten und
Popbiographien

Die ganze Welt des Taschenbuchs

Goldmann Verlag · Neumarkter Str. 18 · 81673 München

Bitte senden Sie mir das neue kostenlose Gesamtverzeichnis

Name: _____

Straße: _____

PLZ / Ort: _____